GABRIELA FREITAS

TUDO QUE DESCOBRI SOBRE MIM DEPOIS DE VOCÊ

Um livro sobre como é encontrar a si mesmo após se de

CB036326

Tudo que descobri sobre mim depois de você © Gabriela Freitas 08/2023
Edição © Crivo Editorial, 08/2023

Edição e Revisão **Amanda Bruno de Mello**
Capa; Projeto gráfico e diagramação **Luís Otávio Ferreira**
Coordenação Editorial **Lucas Maroca de Castro**

Dados Internacionais de Catalogação na Publicação (CIP) de acordo com ISBD

F886t   Freitas, Gabriela.
Tudo que descobri sobre mim depois de você [manuscrito] / Gabriela
Freitas. – Belo Horizonte : Crivo, 2023.
144 p.; 14 cm x 21 cm.
ISBN: 978-65-89032-56-4
1. Autoestima. 2. Relações humanas. 3. Emoções. 4. Autoconsciência.
I. Título.
CDD 152.4   CDU 159.94

Elaborado por Alessandra Oliveira Pereira CRB-6/2616
Índice para catálogo sistemático:
1. Afeto (psicologia), emoções
2. Vida afetiva: psicologia

CRIVO EDITORIAL
r. Fernandes Tourinho // n. 602 // sl. 502
30.112-000 // Funcionários // BH // MG

🌐 crivoeditorial.com.br
✉ contato@crivoeditorial.com.br
ⓕ facebook.com/crivoeditorial
ⓘ instagram.com/crivoeditorial
🌐 crivo-editorial.lojaintegrada.com.br

Para todas as pessoas que hoje precisam se lembrar de que o amor mais bonito e mais intenso que a gente pode viver é aquele amor que a gente aprende a ter por si mesma.

Você foi a minha
intuição mais forte
mais intensa e mais
terrível de que o fim
sempre foi mesmo
algo inevitável

*Pena que eu preferi
não me escutar*

gabriela freitas
*tudo que descobri sobre mim
depois de você*
5

**Eu preciso ser sempre
a única protagonista
da história que eu
narro sobre a
minha vida**

gabriela freitas
*tudo que descobri sobre mim
depois de você*

Nos primeiros dias que vieram depois
do dia em que você decidiu pelo nosso fim,
eu só queria ouvir um pedido de desculpas
sair da tua boca enquanto eu disfarçava
a minha vontade de poder te beijar

Eu queria te ver chorar arrependido, me
implorando para te deixar voltar só mais
uma vez para essa casa que, na verdade,
também era sua e que nunca deixou de ser,
para essa casa que não me deixava esquecer
a falta que cê fazia aqui dentro de mim

Eu queria poder olhar nos seus olhos e te
enxergar arrependido não só por você ter
escolhido ir, mas por tudo aquilo que veio
muito antes de o nosso fim chegar

Eu juro, moreno... eu juro que teria aberto
a porta no segundo seguinte da sua batida
e que te deixaria entrar na sala, em casa e
em mim como se você nunca tivesse feito a
loucura de decidir que era melhor sair de nós

Eu faria um café e te convidaria para ficar
um pouco mais, e um pouco mais até o
resto da vida, e a gente assistiria a tarde
passar no tapete da sala, igual fazíamos
quando dentro de nós tudo ardia em brasa.
Cê ainda lembra dessas tardes, moreno?

Depois abriria um vinho, mas não qualquer
vinho, eu abriria o nosso vinho, aquele que
você deixou para trás na sua mudança, junto
com todas as suas coisas velhas e eu

Colocaria a nossa música, cozinharia aquela
massa italiana que eu nem sei como descobri a
receita, mas que você tanto amava, só para te-
ver dizer que melhor do que ela só havia uma
outra coisa que também te dava vontade e a gente
terminaria a noite do nosso jeito preferido

Porque isso pelo menos me faria
não precisar enxergar tudo o que
eu precisei engolir
depois de
você (me)
partir

Eu não gosto muito de lembrar do dia em que você escolheu partir de mim *(e me partiu depois)*. Não gosto de lembrar como eu fiquei quando me dei conta de que você não estaria nunca mais aqui.

Não gosto de quem eu me tornei nos meses seguintes até me convencer de que eu não era as sobras do que você não quis, daquilo que você largou para trás e não voltou para buscar, igual um cachorrinho abandonado na mudança dos donos que não fazem mais questão de tê-lo lá.

Por um tempo, eu escolhi fugir de tudo isso.

Eu escolhi não ver a vida continuando, como alguém que se cega com medo do mundo, porque o mundo sem você não fazia sentido algum para mim.

É engraçado lembrar de como eu evitava falar teu nome, de como eu evitava lembrar da gente, falar até com quem me lembrava de nós.

Por um tempo, eu agi como se você tivesse feito uma viagem para longe, mas com prazo para acabar, e me escondi de qualquer um ou qualquer coisa que fosse me lembrar de que a sua partida, na verdade, tinha sido apenas de mim. E que era definitiva!

Você continuava aqui, só não fazia mais parte da gente.

Continuava vivendo, trabalhando, fazendo aquela pós que te roubava de mim toda quarta-feira à noite, jogando bola com os seus amigos, fugindo dos almoços de domingo para os quais a sua mãe não cansava de nos convidar, mesmo sabendo que você não iria.

Não era uma viagem longa a trabalho, não era uma situação de emergência, era só a sua decisão de não fazer mais parte de mim do jeito que eu tanto queria continuar fazendo parte de você.

Precisei de um tempo para ressignificar tudo o que você significou. Para curar todas as feridas que você me causou e para lidar com as feridas que estavam aqui e que eu achava que você já tinha curado.

Eu pensei em desistir de mim uma porção de vezes até me dar conta de que eu era a única pessoa nessa vida que não podia me abandonar! E foi por isso que eu resolvi lutar por mim.

Não foi uma luta fácil, moreno. Eu precisei enfrentar os meus dragões, e você sabe bem como eu tinha medo deles!

Mais uma vez, rejeitada por quem eu achei que me amaria.

Mas que amor eu poderia te cobrar se nem eu mesma era capaz de me amar?

A sua partida me partiu, mas também me deu a chance da qual eu precisava para poder me reconstruir e entender que nos meus pedaços só tem espaço para mim.

E é por isso que nada disso que está aqui será sobre você!

Estar com você era como dançar
em cima de ovos, por mais que eu
tentasse, era inevitável viver
a destruição que você me
causaria depois

(e causou)

gabriela freitas
*tudo que descobri sobre mim
depois de você*

O nosso silêncio escancarou todos os
espaços dentro de mim que eu mesma fiz
questão de liberar para que você pudesse entrar
e colocar todas as suas coisas nesse lugar
que não deveria nunca ter ficado vago

Eu me transformei em um completo vazio
para que você tivesse a chance de me
preencher do jeito que bem entendia

Como se eu fosse uma tela em branco,
vazia, pronta para ser pintada e moldada
pelas mãos de alguém que na verdade
nunca teve muito talento para nada

Que triste foi perceber que fui eu mesma
quem jogou fora todas as minhas artes, achando
que não sabia nada do que era melhor para
mim, para que alguém que nunca foi capaz
de mergulhar nas minhas entranhas me
dissesse que eu não sou tão boa assim

Eu não devia ter te deixado entrar em mim!

O meu pulmão fechou no segundo
depois que você partiu.

Minutos antes, eu te vi olhar para mim com aqueles mesmos olhos que fizeram eu me apaixonar perdidamente por você, e então te ouvi dizer, sem sequer medir as consequências de nenhuma das palavras que saíam da sua boca, que já não via mais sentido em estar ali, que já não via mais sentido em continuar em mim.

Eu tentei gritar, enquanto você arrastava a sua mala cheia de roupas até a porta da sala, que aquilo tudo era a maior loucura que eu já havia ouvido e que você não tinha o direito de sair de mim depois de eu ter deixado você ir tão longe, depois de tudo de que eu tinha aberto mão para ter você ali, mas não encontrei a minha voz. Nem a minha força. Nem qualquer resquício de vontade de te convencer de novo de que eu era, sim, boa o suficiente para te fazer ficar.

"Essa semana eu pego o resto das
coisas e devolvo a sua chave".

Foi a última coisa que cê disse quando saiu pela porta e me atravessou como se eu fosse só uma coisa perdida no seu caminho, uma coisa que, por um tempo, foi interessante, mas que agora não era mais. Uma coisa sem importância, sem valor, até meio descartável, como um frasco de perfume vazio que não serve mais para nada e a gente joga fora para colocar outro no lugar.

Eu já tinha estado nessa mesma posição antes. Eu já tinha visto esse filme outras vezes. Mas em nenhuma delas doeu tanto quanto doía assistir à sua partida naquela tarde de sexta-feira!

Antes de você, eu havia me tornado a minha própria fortaleza, o meu porto seguro. Eu ergui muralhas em volta de mim durante muito tempo, mas eu te deixei derrubar todas elas em alguns segundos, só de sentir seu cheiro atravessar um corpo. Eu baixei a guarda para que você pudesse ir muito mais longe do que qualquer um já havia ido porque eu acreditei que com você seria diferente.

Eu confiei, e isso é o que mais me dói, moreno!

Confiei no jeito como você me olhava e nas suas promessas de uma vida toda. Confiei que bastava eu ser quem você queria que eu fosse. E eu fui! Eu deixei que você me transformasse no que tanto buscava, ignorando todos os sinais de que, se você me amasse mesmo, não iria querer me mudar, me moldar. Mas, mesmo assim, mesmo depois de eu me desfazer de mim, você partiu.

E eu perdi o chão!

Perdi a voz!

Perdi o ar!

Vi tudo rodopiar ao meu redor e o meu mundo ruir porque você era tudo o que eu tinha até então. Tudo o que eu quis ter. Eu abri mão de mim, moreno, abri mão de quem eu era, de quem batalhei muito para ser. Você consegue enxergar o peso que isso tem?

Hoje eu vejo que o problema não foi realmente o nosso fim em si.

Já me despedi de outros amores. Já enfrentei outras partidas. Mas em nenhuma vez eu me senti tão sozinha e tão perdida quanto naquele dia. O silêncio que ficou depois de a porta do elevador fechar foi o mesmo silêncio que anunciou que eu também já não estava mais ali. E que fazia muito tempo que eu mesma havia ido dali!

Foi preciso me reencontrar, e eu até poderia te agradecer por isso, mas o mérito sempre será meu!

Como é a
sensação
de sair
de alguém e
causar tanto
estrago
sem ser
atingido?

gabriela freitas
*tudo que descobri sobre mim
depois de você*

No dia seguinte, quando abri os olhos ainda pesados de tanto chorar e me dei conta de que tudo não havia sido um pesadelo horrível, como eu gostaria que fosse, eu me culpei!

Eu me culpei pela sua partida. Pela sua ausência. Pela sua vontade repentina de não estar mais em mim. Eu me culpei por não ter sido o suficiente para te fazer ficar, por não ter sido o bastante para merecer o seu amor eterno.

Muitas vezes você fez com que eu me visse muito menor do que eu era, mas naquele momento, moreno... naquele momento... eu me senti um pedacinho de poeira sem importância alguma perdido no meio de um universo imenso. Você era o meu universo imenso! E eu não era nada demais para você.

Ali, naquele quarto que tantas vezes presenciou a força do nosso amor, eu quis gritar comigo mesma, como se isso fosse resolver alguma coisa. Como se isso fosse te trazer de volta ou, pior, como se eu merecesse ouvir as piores barbaridades saindo da minha própria boca.

Eu queria desesperadamente entender onde é que eu tinha errado, o que é que eu tinha feito que tinha te feito cansar de mim.

Antes que eu tivesse forças para levantar, mergulhei novamente nas minhas lágrimas.

E me afoguei em mim mesma.

Quando eu abri os olhos
na primeira manhã em que
o sol bateu em mim
e você não estava aqui
eu tive vontade
de fechar as janelas,
desligar o alarme e
apagar o meu dia,
eu quis fingir
que o mundo tinha
acabado
porque você era
o meu mundo
e eu não tinha
mais nada
aqui

*(foi aí que eu
lembrei de mim)*

Você não foi
o amor
da minha vida
e você também
não foi o amor
para minha vida

Você foi só alguém
que passou por mim,
que me atravessou
sem perceber que
enquanto seguia
sem mim me
estraçalhava
inteira

Você me quebrou,
mas isso foi bom,
porque de
qualquer jeito eu
também não estava
inteira antes

Acabei de voltar do meu café preferido. E não, não é mais aquele em que a gente ia todos os domingos e eu pedia avocado toast com café coado enquanto você julgava o meu paladar. Cê nunca entendeu a graça que eu via nesse lance de misturar fruta com salgado e essa foi uma das poucas coisas em mim que eu não mudei por você.

Já tem dias que tento começar essa carta. Já tem dias que eu mapeio, pontuo e reflito sobre todas as coisas que eu gostaria de poder te contar. E são tantas que me pego perdida nas minhas próprias palavras! Já faz mais de um ano que você se foi. Mais de um ano do dia em que você decidiu que estar comigo não funcionava mais para o que você queria para sua vida. Desde então, eu tive que enfrentar alguns furacões sozinha. E eu sobrevivi!

Algumas amigas me falaram que isso é loucura, que eu já virei a página, que eu já segui minha vida, que as coisas já não são mais como eram antes e que eu não deveria te contar nada disso. Que não vale a pena... Até concordo com elas! E talvez esse seja o motivo pelo qual eu nunca te envie essas cartas e você nunca descubra tudo o que eu descobri sobre mim estando sem você, mas, moreno, eu não poderia deixar de transformar em palavras tudo que eu vivi, porque, cê sabe, isso é tudo o que eu sei fazer!

Mas saiba que estes não são desabafos sobre nós. Sobre o fim. Sobre a dor.

Isso é sobre a minha jornada. O meu recomeço. O meu despertar.

É sobre tudo que eu descobri sobre mim depois de você.

Eu deixei você me convencer
de que eu não era nada sem você
até o dia em que você se foi
e eu fiquei sem nada e descobri
que eu sempre fui tudo o que
eu precisava

(Espero nunca mais
me esquecer disso)

gabriela freitas
tudo que descobri sobre mim
depois de você
20

Na última briga que tivemos antes de você realmente ir embora, enquanto eu te via arrumar a sua mala de forma ameaçadora me fazendo suplicar para que você pensasse mais um pouco e não desistisse de nós, você olhou no fundo dos meus olhos de um jeito que eu nunca mais vou ser capaz de esquecer e cuspiu em mim o quanto eu estava sendo ridícula.

Aquilo me destruiu!

Ouvir aquelas palavras da mesma boca que me jurou amor eterno, da mesma boca que prometeu nunca me machucar, da mesma boca que se misturou à minha tantas vezes, da mesma boca que percorreu o meu corpo e sentiu o meu gosto foi pior do que levar um tiro à queima-roupa.

E mesmo assim eu não consegui parar de implorar para que você continuasse ali. Algumas horas depois, você voltou com a sua roupa para o armário, cedeu ao meu pedido de tentar mais uma vez, abriu uma cerveja, me abraçou e ficou ali, comigo, como se nada tivesse acontecido, mas aquelas palavras ecoavam na minha cabeça repetidamente.

Depois de sete dias, você decretou o fim e eu não te implorei para ficar. Te ver partiu me partiu em mil pedaços que eu precisei reconstruir depois, mas, mesmo no meio da dor que eu sentia enquanto te via me devolver a sua chave e fechar a porta de casa, eu senti uma pontada de orgulho acalmar aquele furacão.

Eu não te impedi de sair de mim, mas fui capaz de me impedir de permitir que, mais uma vez, você me fizesse sentir pena de mim.

Hoje eu consigo ver que eu nunca fui ridícula, eu só te amei tanto, tanto, tanto, que esse amor me consumiu a ponto de eu esquecer que também precisava ser amada por mim mesma.

Eu só tinha olhos para enxergar você
e talvez tenha sido justamente por isso
que eu fui tão incapaz de ver todos os
sinais de que as coisas nunca estiveram
realmente boas entre nós

gabriela freitas
*tudo que descobri sobre mim
depois de você*

22

Talvez eu precise falar um pouco sobre o nosso fim, moreno, mas só para poder falar sobre mim.

Imagino que você já saiba muito bem o quanto doeu em mim, o quanto eu sofri com a sua partida e o quanto eu cheguei a acreditar que isso nunca mais fosse passar. O que talvez você ainda não saiba é o quanto foi difícil descobrir que eu existia sem você.

Desde o dia em que você entrou na minha vida até o momento em que você se encheu de estar nela, eu não percebi, mas fui deixando de olhar para mim mesma. E, mesmo depois do fim, levou um tempo para eu me dar conta de que a minha vida ainda girava em torno da sua. Nenhuma vez que a gente se esbarrou em algum lugar foi por acaso, eu estive te buscando como um barco desgovernado que anseia por encontrar o farol.

Eu precisava desesperadamente conseguir me salvar e, por mais tolo que seja, realmente eu achei que só você pudesse fazer isso por mim, sem sequer me dar conta de que você era justamente o que me mantinha acorrentada no fundo do mar.

Olhando agora, que loucura parece a ideia de tentar transformar o que nos envenena em antídoto. Mas, naquele momento, isso fazia tanto sentido... Sabe, moreno, eu não te culpo pela dependência que eu criei em você e que você alimentou em mim, porque fui eu que depositei em você a minha esperança de curar feridas que sempre estiveram abertas e que eu nunca soube como tratar. E fui eu, também, que te tornei o meu salvador, por me fazer acreditar que elas estavam curadas!

Você me trazia a paz que eu passei anos buscando. A leveza que eu acreditava que não merecia viver. A cumplicidade, a parceria, tudo soava tão perfeito que eu nem via que estava me apagando por você. Eu me moldei nas suas expectativas. Eu me encaixei nos seus ideais. Eu cedi às suas vontades. E me transformei naquilo que você procurava. Mas nem isso foi o bastante para te fazer ficar! E, quando você se foi, eu já nem sabia mais quem eu era...

Mas aqui dentro, escondidinho, eu continuava sendo aquele amontoado de dores e traumas e problemas mal resolvidos que foram empurrados para debaixo do tapete. As minhas feridas continuavam abertas e você acabou se tornando mais uma delas... a ferida que fez tudo implodir e eu ter que olhar de verdade, pela primeira vez, para mim.

Por muito tempo eu acreditei que a minha jornada fosse sobre você. Que fosse sobre você me salvar do fundo do poço e depois me empurrar novamente para ele. Que fosse sobre nós e sobre o que restou de mim sem você. Mas eu me enganei!

A minha jornada é minha e a cada dia eu sei que as rédeas dela estão mais nas minhas mãos! Eu só precisei me libertar de você para entender que podia ser bem melhor assim.

E tem sido!

Eu não fui completamente
apaixonada por você!

O que eu senti foi muito mais
do que paixão, do que amor
do que qualquer um desses
sentimentos bonitos que
as pessoas sonham em viver

Era algo intenso, doído
e arrebatador que nunca foi
realmente bom

Era algo de alguém que
se sente perdido, com medo
e sozinho

E que encontra no outro
o que é incapaz
de encontrar
em si mesmo

Por muitos e muitos meses eu me peguei tentando entender o que fez você escolher ir embora de mim.

Procurei em diversos livros de autoajuda, te transformei em pauta nas minhas sessões de terapia e até nos conselhos das minhas amigas eu tentei me salvar, mas nada daquilo fazia muito sentido!

Por muitos e muitos meses eu me encontrei completamente perdida, como alguém que precisa desesperadamente da resposta a um problema que não tem explicação.

Eu precisava que você me explicasse, ou que você ao menos me dissesse algo que pudesse justificar o que eu mesma considerava injustificável.

Foi no meio do seu silêncio e daquelas mensagens que nunca tiveram resposta que eu comecei a entender:

Eu não precisava dos seus motivos para conseguir seguir.

Eu só precisava ser o meu motivo para não me abandonar!

Eu me perdi
em você
e me achei
dentro
de mim

gabriela freitas
*tudo que descobri sobre mim
depois de você*

Seis meses depois do dia em que você partiu, eu resolvi que iria cortar o meu cabelo. E este foi o meu primeiro grande ato de libertação!

Marquei o salão mais concorrido da cidade e não contei para ninguém. Pela primeira vez em muito tempo eu finalmente estava tomando uma decisão pensando apenas em mim e no que eu queria.

Talvez essa seja uma das mudanças mais comuns em um processo de término, mas eu sei que, caso você tenha visto alguma foto em alguma rede social de algum dos nossos amigos em comum, não foi o corte que te surpreendeu...

Uma vez, quando eu era adolescente, eu conheci uma mulher que tinha a cor de cabelo mais bonita que eu já vi na vida... Ela era linda, andava como se desfilasse na passarela da vida e fosse dona do mundo. Não tinha como não a notar! E, desde então, eu decidi que um dia ainda pintaria o meu cabelo igual ao dela.

Eu te contei essa história na terceira vez que saímos juntos e confessei a minha falta de coragem para ficar ruiva. Eu não buscava um empurrão, isso eu teria das minhas amigas... eu queria a sua aceitação! Queria a sua aprovação para poder mudar algo em mim e ali eu já devia ter percebido que algo estava errado, mas eu preferi não enxergar.

Você deu pouca importância para a história, disse que sempre sonhou em casar-se com uma mulher loira, que eu era linda exatamente por ser assim e que eu seria louca se estragasse meu cabelo...

Naquele dia eu me convenci de que tinha nascido para ter o cabelo claro e de que aquela ideia realmente não fazia sentido algum. É claro que você estava certo e eu era a mulher com quem você sempre sonhou...

E então você foi embora.

E seis meses depois eu tingi o meu cabelo.

Eu realmente não nasci para ser sua, moreno, eu vim ao mundo para ser apenas minha. E como é bom me ter de volta!

Por tanto tempo eu fui
minha grande inimiga,
talvez a maior que já tive,
e nem percebi.

gabriela freitas
*tudo que descobri sobre mim
depois de você*

30

Oito meses depois do fim, eu fui em um barzinho com alguns amigos do novo trabalho. Você não sabe quem são eles e eles sabem muito pouco sobre você, o que faz com que, no meio deles, eu quase sempre tenha a sensação de que você nunca realmente existiu.

É uma parte da minha vida da qual você não fez parte, moreno. Mas, nesse dia específico, foi impossível não lembrar de você e não sentir um certo alívio por não te ter ali.

Depois de alguns copos de cerveja, enquanto o sertanejo tocava no volume mais alto, alguém falou algo engraçado e eu soltei uma daquelas gargalhadas que te faziam revirar por dentro de vergonha. Instantaneamente, me senti mal. Era como se eu pudesse sentir seu olhar de reprovação me atravessar mesmo sem você estar ali.

Suas palavras ditas tantas e tantas vezes naquela mesma situação, pontuando como eu precisava ser menos espalhafatosa, menos escandalosa, mais educada, refinada ecoaram na minha cabeça, me fazendo calar, envergonhada.

Na minha frente estava um rapaz que havia entrado há pouco tempo na empresa e que talvez tenha notado o meu incômodo comigo mesma naquele momento. No segundo depois que me calei, ele elogiou a minha risada. A mesma que você criticou e calou por tanto tempo.

Foi estranho ouvir alguém dizer que o som dela dava vontade de rir também, que é bonito ver a minha risada sair da alma e contagiar a mesa. E foi estranho perceber que eu deixei você me convencer de que eu não deveria rir assim. De que eu não deveria ser assim.

É libertador poder me reencontrar e me aceitar sem sentir medo de te desagradar.

Ser forte não tem a ver
com não desabar nunca
mas com saber
se reerguer
depois

Você me jogou
do mais alto
dos precipícios

E eu caí
caí
caí

Agora estou
me reerguendo
e não tem sido
fácil!

Mas sinto orgulho
de mim,
orgulho
por quem
estou sendo
depois de
passar
por
você e
desabar

Eu estou me
reconstruindo
e isso é
lindo

**Eu não preciso me abandonar
só porque algum dia
alguém resolveu me deixar...**

**Eu sou boa o suficiente
para ficar por mim!**

*gabriela freitas
tudo que descobri sobre mim
depois de você*

Durante o tempo
em que eu tentei
te ter de volta
será que na verdade eu
estava buscando você
ou eu simplesmente
estava tentando
fugir de mim?

gabriela freitas
*tudo que descobri sobre mim
depois de você*

A parte mais difícil do nosso fim não foi a despedida, não foi o momento em que eu te vi fechar a porta de casa e levar as suas coisas e os nossos sonhos dentro da mala que compramos para nossa primeira viagem. A parte mais difícil do nosso fim não foi abrir o guarda-roupa e não encontrar nada além do vazio que você deixou depois de me prometer que seria para sempre. A parte mais difícil do nosso fim não foi me acostumar com o silêncio ensurdecedor que ficou em casa ou com a falta do cheiro do seu café coado todos os dias às sete da manhã. A parte mais difícil do nosso fim não foi o fim, foi o processo que eu vivi sozinha até a gente realmente acabar.

A parte mais difícil do nosso fim foi o seu olhar de desprezo me cercando todos os dias enquanto eu lutava sozinha para salvar nós dois, foi a sua falta de abertura para falar sobre qualquer assunto que envolvesse o nosso amor, foi te assistir lavar as mãos enquanto ainda fingia segurar as minhas mãos. A parte mais difícil do nosso fim foi me ver te implorar para não desistir, mesmo sabendo, no fundo, que você já havia desistido e que não havia nada que eu pudesse fazer para mudar isso. A parte mais difícil do nosso fim foi te ver me culpar como se eu realmente carregasse todo o peso do seu desamor. A parte mais difícil foi eu me ver carregando uma culpa que nunca foi só minha para não ter que aceitar que havia chegado ao fim.

No dia em que você partiu, a dor não foi mais forte nem mais aguda do que já estava sendo antes. O fim foi só a concretização do que já estava acontecendo. Do que já estava me sufocando. Eu não senti meu corpo se dilacerar por dentro porque isso já estava acontecendo comigo há bastante tempo. Eu já sangrava uma hemorragia invisível causada pelo seu descaso em estar comigo. Eu cheguei no fundo do poço muito antes da sua partida só para não te ver partir, mas o nosso fim era mesmo algo inevitável! Dia após dia, semana após semana eu sentia a nossa história se arrastar, sobrevivendo de tratamentos paliativos e raríssimos espasmos felizes.

Eu quis me apegar aos nossos sonhos, às lembranças dos dias em que você me transformou no seu mundo, às promessas que a gente fazia entre uma taça e outra de vinho. Eu quis me apegar aos filhos que a gente ia ter e ao casamento que já tinha até data e à certeza que eu tive no dia em que te vi pela primeira vez de que estava conhecendo o amor da minha vida. Eu quis me apegar aos dias de sol quando você me olhava e jurava que não havia nenhuma outra mulher no mundo que pudesse te fazer tão feliz como eu fazia. Eu quis me apegar a todas as noites que passamos em claro fazendo e falando de amor. Mas, por mais que eu tentasse, nós continuávamos escorrendo pelos meus dedos feito pequenos grão de areia.

Eu não sei em que momento o fim começou. Talvez tenha sido naquele em que eu resolvi ignorar todas as coisas erradas que eu sabia que não merecia viver só para te ter ali, talvez no momento em que você começou a me convencer de que eu não era tudo aquilo que eu achava e que precisava aprender a me colocar no meu lugar, talvez tenha sido na primeira vez em que você me olhou como se eu fosse a coisa mais patética do mundo e, em vez de te expulsar de mim, eu quis me esconder dentro de um buraco só para você continuar ali. O nosso fim começou muito antes do fim. Começou quando eu deixei que o meu fim se aproximasse só para fugir do nosso.

Fui abrindo mão de tudo o que eu era e até das coisas nas quais eu acreditava, mas nada disso te fazia me amar mais, pelo contrário! A cada vez que eu cedia às suas vontades e me forçava a caber nos seus moldes, te via me amar um pouco menos. E, a cada vez que você me amava menos, eu sentia mais necessidade de conquistar o seu amor. Fui ficando cega por não querer enxergar que aquilo era doentio e que eu precisava parar, fui ficando cega porque eu não queria admitir para mim mesma que estava errada, que o homem da minha vida nunca seria capaz de me quebrar em tantos pedaços e continuar indiferente como se não estivesse fazendo nada de errado.

Você me destruiu, moreno, mas eu me permiti ser destruída por você. Foi aí que o nosso fim começou. E isso doeu muito mais do que a sua partida.

Eu estava doente,
mas não conseguia ver

Eu estava doente,
mas não queria ver

Enxergar que algo em mim
não estava bem seria como
admitir que algo em nós
não me fazia bem

Admitir que algo em nós
me consumia por dentro
como uma célula cancerígena
silenciosa se transformando
em uma grade metástase
e fazendo tudo implodir

O amor também pode
ser ruim, principalmente
quando ele deixa de ser
amor, mas continua ali
insistindo em ser
alguma outra coisa

Você era a minha
maior necessidade
não o meu maior
amor

Eu precisava de você
e é no precisar que mora
o grande perigo

E foi no precisar que eu
não consegui ou não
me permiti enxergar
que aquilo que eu achava
que iria me salvar,
na verdade, era exatamente
o que me envenenava

Você!

Que eu nunca mais me esqueça
de ser o meu motivo para ficar
independente de quem
escolhe sair de mim

gabriela freitas
tudo que descobri sobre mim
depois de você

Eu te quis tanto,
mas tanto…
que, para poder
estar com você,
que, para poder
caber em você,
que, para poder
ficar em você,
eu abri mão
de estar,
de caber,
e de ficar
em mim
mesma.

Eu achei que conhecia tudo sobre o amor, mas a verdade é que eu sempre soube muito pouco sobre ele... achava que entendia do amor pelo que eu via nos filmes românticos americanos, pelo que lia nos livros em que casais imperfeitos se encontram e, mesmo com tudo conspirando para dar errado, arranjam um jeito de ficar juntos. Eu sempre fui romântica demais e você sempre me alertou sobre o perigo de fantasiar tanto.

Nisso você estava certo...

Eu fantasiei que era você e então coloquei na cabeça que não tinha nenhuma alternativa além dessa. Precisava ser você! Tinha que ser você! E eu estava disposta a tudo para fazer ser.

Disposta a me diminuir. Disposta a me moldar. Disposta a me adaptar. Disposta até a me espremer inteira para conseguir me encaixar em você.

Se eu soubesse mesmo o que o amor era, jamais teria implorado tanto por algo que nunca foi realmente amor. Teria partido antes mesmo da sua despedida. E me libertado antes de ir tão longe por quem não merecia.

Hoje, esparramada nesse sofá marrom estranho e sem graça que você insistiu em comprar depois de me convencer de que meu gosto era brega demais e de que um sofá azul jamais ficaria bonito em sala alguma, assumo a culpa por tudo de errado que aconteceu entre nós, moreno.

Assumo a culpa pelas suas mentiras. Pelos seus tropeços. Pelos gritos que ouvi sem rebater e até pelos que não consegui engolir e vomitei de volta antes de me arrepender, por medo que eles te expulsassem de mim *(como se fosse mesmo eu o problema de tudo)*.

Assumo a culpa pelas vezes em que eu fingi que não sabia o que estava acontecendo, pelas suas traições descobertas sem nenhuma retaliação e por todas aquelas histórias mal contadas que tentava esconder cada uma das outras mulheres por quem você se apaixonou enquanto jurava me amar mais do que qualquer outra coisa nessa vida.

Eu assumo a culpa por ter me feito acreditar em todo aquele teatro, mesmo no fundo sabendo muito bem quem era você de verdade.

Assumo a culpa por cada porta batida e ameaça de ir embora não cumprida. Assumo a culpa pelas vezes em que te convenci a continuar comigo depois de horas e horas de humilhação, como se eu precisasse te provar que eu era boa o bastante para que você, ao menos por dó, não me abandonasse.

Assumo a culpa por ter sido tão dependente, tão viciada, tão doente...

Assumo a culpa por ter me calado, por ter me cegado, por ter me feito viver por tanto tempo no inferno ao qual você me apresentou.

Assumo a culpa para que eu nunca mais esqueça que nunca será sobre você, sobre o outro, sobre qualquer um que não seja eu mesma. Essa é a minha história!

É sobre os meus limites, sobre o que eu permito, sobre até onde eu aceito que as pessoas vão e o que as pessoas fazem.

É sobre não esquecer que eu preciso saber me amar antes de esperar amor de alguém.

É sobre os espaços vazios que existem aqui dentro e que eu tentei desesperadamente preencher com você.

É sobre mim!

E eu nunca mais posso permitir que a minha história volte a ser sobre alguém que não seja eu mesma!

Sete meses depois do fim, eu reformei todo o nosso apartamento. Eu nunca gostei daquelas paredes pintadas de cimento queimado e sempre achei que aquela decoração industrial deixava a casa com cara de escritório, mas você amava tudo aquilo e eu amava você.

Se você entrasse lá depois de tudo o que eu fiz, jamais reconheceria o lugar que por tanto tempo chamou de lar. Chuto dizer que acharia brega, colorido demais, vibrante demais, alegre demais. Tudo em exagero! Pois é, moreno... eu estraguei a sua arquitetura moderna colocando cor em cada canto daquela casa da mesma forma como estava colocando cor em cada canto da minha vida.

Fui me empolgando e troquei os móveis de lugar, comprei um sofá mais confortável, doei a nossa cama porque eu não queria mais te sentir ali e chamei alguns amigos para um jantar de open house. Muito deles não entenderam o que estava acontecendo comigo, mas estavam lá para me apoiar. Acho que naquela época nem eu entendia direito...

Mas eu só estava tentando me reencontrar, me redescobrir! E esse processo foi ainda mais lento e muito mais doloroso do que aceitar a sua partida. Olhar para dentro de si, conseguir se aceitar, saber se acolher... é tudo tão difícil, ainda mais depois de tanto tempo abrindo mão de si mesma pelo outro.

Ninguém me perguntou sobre você naquela noite e eu resisti arduamente em não querer saber como é que estava a sua vida. Ali não foi a minha libertação, eu ainda recaí várias e várias vezes depois. Você era a minha zona de conforto, por mais desconfortável que fosse estar com você... Mas ali foi o pontapé, o começo do nosso fim em mim, e é por isso que eu lembro com tanto carinho daquele dia.

Quando eles foram embora, eu liguei o som em uma música que eu amava e você odiava e rodopiei meio embriagada no novo tapete da sala que você recriminaria de mil formas diferentes. Caí na gargalhada pensando em quantas críticas você seria capaz de conseguir redirecionar para mim em 60 segundos.

Como eu pude por tanto tempo aceitar
ser tão menos por você?

Acho que essa pergunta eu nunca vou ser capaz de responder! Mas também já não me importa mais.

Eu engoli as
minhas chamas

Reprimi o incêndio
que sempre existiu
em mim

Eu incinerei toda
combustão do meu ser
que sempre ardeu
em brasa

Porque apesar de você
se dizer tão corajoso
era o meu fogo
que te assustava

Mas hoje eu me permito
incendiar a casa,
o bairro, o planeta

Hoje eu me permito
iluminar a cidade
com a luz que sempre
esteve dentro de mim

Qual é a sensação
de me ver brilhar
mesmo depois
de ter tentado
me apagar
tantas vezes?

Nas noites em que
meu corpo gritava
seu nome e tudo o que
eu mais queria era te
achar dentro de mim,
repetia como uma
mantra até pegar no
sono:

Se acalma, menina,
você vai ficar bem!

Só por favor não se
esqueça de que é
impossível perder
algo ou alguém que
nunca realmente
quis somar com você.

Eu não te perdi, moreno,
porque você nunca foi
realmente meu.

Mas você me perdeu!

gabriela freitas
*tudo que descobri sobre mim
depois de você*
49

Uma das coisas mais difíceis que eu tive de aprender depois que você partiu foi a me enxergar com os meus próprios olhos. É que, depois de tanto tempo juntos, eu me acostumei a me ver com os seus. A me ver como você me via.

Eu fui me acostumando a acreditar que eu sempre fui só uma garota mimada, fútil, cheia de vontades. Eu fui aceitando a ideia e começando a acreditar que meu gênio forte era um problema dos grandes! Que o meu temperamento precisava der domado a todo custo e que querer defender o meu ponto de vista era um defeito e tanto.

Você me ensinou a ceder.

A ceder às suas vontades. A ceder aos seus pensamentos. A ceder aos seus gostos. A ceder às suas certezas. E eu cedia a tudo sem pestanejar com medo de que, se eu fosse eu, você não quisesse continuar.

Eu me transformei no que você queria que eu fosse. No que você achava certo ser. Permiti que você me moldasse como um escultor transformando argila em arte. Mas eu não virei uma escultura bonita! Você me transformou em um borrão de coisas sem graça, sem sal, sem personalidade.

Eu me anulei.

Nada de mim existia mais em mim.

Eu estava apagada, silenciada, jogada em um canto escuro dentro do meu próprio corpo.

E, quando eu me vi ali encolhida, acuada, assustada, eu quis gritar! Quis gritar comigo mesma de tanta raiva, de tanta mágoa, de tanta indignação que eu senti ao me dar conta do que eu me permiti virar por alguém como você.

Como eu deixei isso acontecer? Como foi que eu deixei que você fizesse isso comigo? Como foi que eu me abandonei exatamente no momento em que mais precisava me proteger? Como eu não vi os sinais de alerta que berravam feito luzes fluorescentes bem na minha cara?

Eu nunca fui um grande problema que precisava das suas soluções, moreno! Nem eu, nem o meu gênio forte, nem o meu temperamento difícil, nem as minhas opiniões sobre tudo.

O problema sempre foi eu ser grande demais para caixinha minúscula na qual cê queria me enfiar. E ter aceitado ficar lá!

Uma vez eu li em alguma matéria
que falava sobre viciados em droga
quais eram os sinais mais comuns
em uma crise de abstinência

apatia, delírio, confusão mental,
agressividade, comportamentos
compulsivos,

fazia pouco tempo que você
tinha ido embora
e então eu me assustei
quando me dei conta
do quanto eu era
dependente de você

DESCOBERTA 3

**Eu não preciso
ter que me esforçar
tanto para conseguir
caber dentro das
expectativas
de outro alguém**

gabriela freitas
*tudo que descobri sobre mim
depois de você*

Pouco a pouco, comecei
a me questionar
se essa necessidade
que eu tanto tinha
de ser sua
não era na verdade
o meu medo
de ser minha…

gabriela freitas
*tudo que descobri sobre mim
depois de você*
54

Como é que eu pude autorizar
que a sua existência em mim
fizesse tanto estrago assim?

Como é que eu pude me limitar
tanto às suas exigências e
às suas vontades e certezas?

Como é que eu pude deixar você
me moldar ao teu gosto sem
estranhar o amargor de ser o que
eu nunca fui só para agradar a quem
nunca realmente me quis?

Como é que eu pude me sujeitar a
acreditar que o nosso fim também
seria a definição do meu fim?

Como é que eu pude me convencer
de que te perder seria tão grave quanto
me perder, sem nem perceber que
eu já havia me perdido muito antes
de você deixar de estar aqui?

Qual foi o feitiço que você jogou em mim
que me fez esquecer de quem eu era
e de que eu sempre fui
muito maior que
nós?

SINAIS

Eu não queria emagrecer, mas perdi oito quilos enquanto estava com você e fiquei dezesseis vezes doente. Nada grave, uma gripe aqui, uma travada nas costas, uma enxaqueca que do nada resolveu aparecer na minha vida e uma gastrite que com certeza devia ser culpa do tanto café que eu tomava.

Imunidade baixa, os médicos diziam, com chance de ter algum fator emocional envolvido. Vontade de chamar atenção, você contra-argumentava. E eu ignorava todos os anos que aquelas pessoas estudaram para estar ali e tentava entender a atenção de quem o meu corpo queria chamar. Era a minha, hoje eu vejo! E a baixa imunidade era o tanto que eu me silenciei para estar com você.

Um ano e meio depois de nos conhecermos e seis meses depois de você vir morar comigo, eu encontrei uma amiga que não via há anos. Uma amiga que você nunca conheceu, porque depois desse encontro eu deixei você me convencer de que ela era mesmo uma péssima companhia. Nós fomos almoçar juntas, só eu e ela, e, depois de ouvir sobre as suas últimas aventuras desde um término conturbado de uma relação de anos, eu contei para ela de nós.

Contei sobre a certeza que eu senti no dia em que eu te vi e de como você me fez acreditar que o céu era muito pouco perto de aonde o nosso amor seria capaz de nos fazer chegar. Contei da sua mudança para a minha casa, que naquele momento havia se tornado a nossa casa, contei da nossa nova rotina juntos, do dia a dia, das novidades, dos planos e da expectativa que eu tinha sobre o nosso futuro. Contei de como as coisas estavam diferentes com você aqui.

Hoje eu percebo que, naquele momento, enquanto eu falava sobre aquelas coisas, contava sobre a nossa vida e a nossa história, eu estava tentando me convencer, assim como eu tentava convencer a minha amiga, de que era mesmo tudo aquilo. Mas não era, nunca foi! Eu flori demais o nosso amor enquanto você tirava as minhas pétalas. Mas enquanto eu me enganava, ela não se enganou. E por isso essa foi a minha amiga que você mais detestou!

Depois de ouvir tudo o que eu tinha para contar, depois de me ver despejar elogios sobre você, depois de me analisar romantizando uma história que no fundo não era nada romântica, ela me olhou em silêncio por alguns segundos como se buscasse as palavras certas para dizer algo que não tinha palavras certas para ser dito e vomitou em cima de todas as falsas certezas que eu tinha contado:

"Se você está tão feliz assim e ele te faz tão bem,
porque é que o brilho dos seus olhos sumiu?"

Eu não soube o que responder.

Ou eu não quis responder que, na verdade, eu não estava feliz e você não me fazia tão bem e que o brilho dos meus olhos foi você que fez questão de apagar.

Os sinais sempre estiveram ali, eu que escolhi não ver.

Eu sempre fui
grande demais
pra caber em
você...

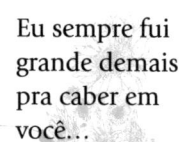

E eu acho
que você
sempre soube
muito bem
disso.

Como é saber
que agora eu
também sei?

gabriela freitas
*tudo que descobri sobre mim
depois de você*
58

Você foi apenas uma ponte
uma parte ínfima do meu
caminho, um pedaço da
minha história

Por vezes achei, cogitei,
acreditei que você fosse
o meu ponto de chegada

Eu tentava encontrar
em você a bandeira do fim,
a faixa hasteada dizendo que
meu lugar era ali

Durante todo esse tempo,
eu realmente acreditei
que estava em você
o lugar que eu buscava
para ficar, o lugar onde eu
precisava morar

Mas nunca foi sobre nós!

Durante todo esse tempo,
durante todos esses anos,
você foi um pedaço
de um todo que é muito
maior, por mais que eu não
visse, por mais que eu
não conseguisse
enxergar

A resposta do mapa
estava em mim

Eu sou a minha
trilha completa
meu próprio
caminho

O meu único
ponto de
chegada

Quando eu mudei de emprego, pensei em te ligar. Aquele era um momento em que eu queria te ter ali ao meu lado para comemorar e para me fazer acreditar que não era uma grande loucura começar algo novo.

Eu admirava a sua falta de medo em se arriscar, em se jogar, em ir atrás de tudo o que você queria de forma obstinada, quase doentia. Eu admirava o seu desprendimento. Seu excesso de coragem, de autoconfiança. Essa sua facilidade em achar que o mundo era seu.

Hoje eu consigo perceber que te olhava com o olhar de uma criança encantada, apaixonada. Você parecia algo demais, algo além do que todos os outros humanos poderiam ser, e eu não me importei em te colocar em um pedestal bem acima de mim.

Às vezes me pergunto se não fui eu mesma que te ensinei a me olhar de cima. Se não fui eu que te permiti se colocar como alguém superior. Inalcançável. Inatingível. Afinal, era dessa forma como eu te via.

Não fiz a ligação, mas confesso que esperei por uma mensagem sua, porque eu sabia que você sabia que eu tinha passado e eu tinha te dito tantas vezes sobre como aquilo seria importante que eu achei que você também fosse sentir vontade de comemorar comigo.

Mas aquela era uma vitória minha sem você. Era uma vitória minha que não te cabia mais. Eram méritos meus dos quais você não poderia se vangloriar, você não poderia dizer que tudo ao meu redor tinha melhorado desde que você chegou. Então, a tristeza pela falta de mensagem se transformou em orgulho por mim mesma!

Eu fiz as entrevistas nos meus piores dias. Eu participei daquelas dinâmicas enquanto estava despedaçada com a sua partida. Eu pensei em desistir tantas e tantas vezes, mas me obriguei a estar ali, me obriguei a continuar e a dar o melhor de mim. E, mesmo estando em um momento tão ruim, eu consegui!

Então eu me levei para comemorar no meu restaurante favorito, pedi a sobremesa que a gente sempre pedia junto porque era a minha preferida acima de tudo e não me permiti sentir sua falta em um dia tão importante.

Mais uma vez, o que estava acontecendo era somente sobre mim. E a vida estava finalmente começando a ter graça sem você.

Depois do nosso fim
o que eu mais senti falta
foi de todas as vezes
que a gente rodopiou
em volta do tapete da sala
dançando um ritmo que era
só nosso

Teve uma noite depois
de algumas noites tentando
me convencer de que
você não ia mesmo voltar
em que eu liguei o rádio
e estava tocando uma
daquelas músicas
que eu amava escutar
mas você preferia
não ouvir comigo

Foi então que eu resolvi
naquele instante
que eu mesma poderia
ser o meu par, a minha
melhor companhia

Eu me convidei para
dançar e nunca mais
vou esquecer da noite
em que eu fui pela
primeira vez o grande
amor da minha vida

Você estava deixando
de fazer falta, porque
eu estava começando
a me encontrar ali

"Eu não vou ser como os outros rapazes que passaram por você" foi o que eu ouvi da tua boca na primeira vez que os nossos corpos se tornaram um.

Eram três horas da manhã de uma quinta-feira de verão, a noite do lado de fora daquele quarto estava estrelada e quente, como nós dois. Você estava apenas de cueca, apoiado na janela fumando um cigarro, e eu juro que seria capaz de emoldurar aquela cena e guardar em um lugar secreto só para mim. Eu já te amava tanto, moreno! E mal te conhecia...

Sorri ao te ouvir, mas permaneci embalada no silêncio, apenas te observando. Havia algo em você que me magnetizava desde o primeiro dia em que te vi. Não sei dizer se eram os seus olhos azuis que penetravam em cada átomo do meu corpo quando me olhava, como se pudesse me ver ainda mais nua do que me via ali naquele momento, ou se era o jeito que você tinha de dizer muito sem efetivamente falar nada e, ainda assim, atingir cada órgão meu com as palavras que transbordavam silenciosamente das suas entrelinhas.

Não sei se era a forma como a sua boca me engolia antes mesmo de me tocar, não sei dizer exatamente qual era o motivo, mas havia algo em você que me fazia acreditar que não tinha nenhuma outra pessoa no mundo que pudesse me causar o que você causava. E isso me dava tanto medo, moreno! Você não era o meu primeiro amor, não era o meu primeiro homem, não era a primeira pessoa a me jurar que seria diferente, mas você foi o primeiro que me fez querer realmente acreditar que aquilo podia ser possível. E eu acreditei!

Sei que eu prometi que isso aqui não seria sobre você ou sobre nós ou sobre a nossa história, mas sobre mim. Só que, sinceramente, eu não posso deixar de falar sobre esse dia e sobre tudo o que você me fez acreditar que viveríamos. Nada foi igual depois dali e a culpa foi exatamente desse momento, desse segundo antes de você dar o último trago no cigarro e voltar para a cama para me ter mais uma vez naquela noite. Para me ter para sempre!

Você jurou sem que eu pedisse nada e eu acreditei sem que você me provasse e sem fazer ideia do risco que eu corria em confiar justamente em quem mais me machucaria.

Até hoje eu tenho pesadelos com essa noite! Eu não tirei apenas a roupa naquela noite para você, eu me desfiz também de todas as minhas armaduras para que você me conhecesse de um jeito que eu nunca havia mostrado para ninguém. Eu te deixei ver todas as minhas entranhas, dividi as minhas dores e achei que você tinha vindo para curar tudo o que tanto me doeu antes. Eu baixei a guarda para te deixar entrar e não me preocupei com a bagunça que você causaria porque eu acreditei que você ainda estaria ali para arrumar tudo comigo. Mas quando chegou a hora, você não estava mais ali!

Eu fiquei sozinha naquele mesmo quarto, encarando todo o caos que você me causou. Eu fiquei sozinha para lidar com todas as perguntas sem resposta e digerir toda aquela dor que você fez florescer em mim, mesmo tendo jurado que nunca me faria mal algum.

Você estava certo quando disse que não seria como os outros rapazes que passaram por mim, você foi muito pior do que todos eles juntos. Todos!

Eu não sei de onde vinha essa
certeza tão grande que alimentava
as minhas expectativas sobre nós,

Mas eu sei que eu passei tanto tempo
me convencendo de que não tinha como
não ser você que durante todo esse
tempo eu me recusei de todas as
formas a simplesmente enxergar que
nunca havia sido

Você foi uma projeção que eu criei
do que é o amor, eu te transformei
na história que eu gostaria de viver
ignorando a história em que nós
realmente vivíamos

Fiz pouco caso dos sinais, fui
desatenta aos alertas, fiz questão
de não me importar com todas
as placas de atenção que apontavam
para o precipício para o qual eu estava
caminhando com você

Eu lutei contra a verdade e me
agarrei a todas as mentiras que
eu mesma me contei para
continuar vivendo em você

*Ele não quis dizer aquilo, ele
só estava irritado, tenho certeza
que daqui um tempo tudo vai
ficar bem de novo...*

Mas será que houve mesmo
algum dia em que tudo esteve
bem? Ou fui eu que fantasiei
girassóis em um terreno em
que só era capaz de nascer
erva daninha?

Três meses depois do fim, eu já não esperava mais pela sua volta, mas tinha medo de que ela acontecesse. Comecei a fazer caminhos diferentes e a ir em lugares onde eu sabia que você não estaria só para não correr o risco de te ver novamente.

Se, nos primeiros dias depois do fim, tudo o que eu mais queria era esbarrar com você, meio que por acidente, só para te convidar para morar em mim de novo, mesmo que apenas por uma noite, àquela altura o meu maior medo era exatamente isso acontecer e eu não conseguir te afastar de mim.

Eu comecei a te enxergar como uma droga forte, potente e destruidora, mas irresistível a ponto de, mesmo sabendo como é que você me deixaria, ainda assim querer de novo. Eu precisava ser forte para me proteger de você.

E foi justamente aí que eu provei a minha força!

Dezenove semanas depois que eu te assisti fechar a porta do nosso apartamento com a promessa de que nunca mais pisaria ali dentro de novo, você tocou a minha campainha.

Não havia outra pessoa que pudesse estar ali naquele momento sem que o Seu Francisco tivesse interfonado, você era o único que tinha o benefício de "subir sem avisar". Eu estava na cozinha terminando de arrumar toda a bagunça da janta e achei que infartaria ali mesmo.

Quando o *dindon* tocou, cada órgão do meu corpo saiu do lugar. Um tsunami de emoções me invadiu e eu posso jurar que perdi o ar por alguns segundos até lembrar novamente como é que se faz para respirar. Puxei o ar com força para o pulmão e senti que iria vomitar quando você tocou de novo.

Eu queria correr até a porta, me jogar nos seus braços e te pedir para esquecer todos aqueles dias desde o dia em que você (me) partiu. Queria ignorar toda a dor que eu senti antes e depois do fim só para me sentir no direito de abrir uma garrafa de vinho e me deitar no tapete da sala com você, pés com pés, corpo com corpo.

Eu queria desesperadamente acreditar que aquela era a nossa chance para que pudéssemos reconstruir a nossa história. Era Deus ouvindo as minhas orações e te trazendo para mim. Mas Deus não faria isso comigo!

Enquanto eu engolia o choro e caminhava até a porta, ouvi o barulho do elevador chegar. Era só ficar ali quietinha, sem fazer barulho, e você iria embora.

Ou bastava gritar com a pouca voz que me restava que eu já estava abrindo para deixar que você entrasse novamente e me transformasse em sua casa.

Mas ali já não era mais seu. Já não tinha mais os seus móveis. Já não tinha mais seus quadros. Já não tinha mais aquela garota que você abandonou como uma coisa velha que fica esquecida para trás em uma grande mudança.

Nada ali te servia. Nada ali nunca te serviu de verdade! E depois de morar por tanto tempo no seu bolso, eu sabia muito bem qual era o lugar para o qual eu não queria nunca mais voltar.

Te vi partir pelo olho mágico enquanto deixava que as lágrimas escorressem em mim.

Eu nunca soube se você sabia que eu estava em casa naquela noite de quarta-feira, mas eu gostaria que você soubesse que eu estava lá e que eu consegui ser mais forte que a dependência que eu tinha em você.

Fui eu que escolhi não abrir a porta, não correr até o elevador, não gritar da janela, fui eu que, no segundo seguinte, pedi na portaria para que você nunca mais subisse sem que me avisassem.

Passei semanas torcendo para que aquela campainha tocasse. Até que ela tocou e eu me dei conta de que, por mais que algo dentro de mim ainda quisesse você, eu só poderia ser realmente minha se te deixasse ir.

Eu havia voltado a ser a minha escolha, e você não faz ideia de como foi bom perceber isso!

A minha cura não foi
apenas sobre me
libertar de você
teria sido mais fácil
se fosse apenas isso

Mas além de precisar
livrar cada parte minha
de cada parte sua

Eu também precisei
reconstruir os meus
pedaços, não só
aqueles que você
partiu, mas também
os que você tirou de
mim quando eu te
deixei me convencer
de que ficaria bem melhor
sem eles aqui

Eu te deixei me montar
feito um quebra-cabeças
com peças trocadas,
eu te vi me quebrar
e me remontar de um jeito
completamente diferente

Você me transformou em um
Frankenstein para caber
dentro das suas expectativas

E quando você foi embora
eu fiquei sem saber o que fazer
com todas essas partes
que não eram minhas

TRATAMENTO DO SILÊNCIO

Antes de decidir ir, eu lembro que você passou uma semana sem falar comigo e, sendo muito sincera, ainda hoje eu não faço a menor ideia de qual foi o motivo. Mas não foi só dessa vez, não é, moreno?... Nos últimos meses que passamos juntos, eu odiava estar em casa. Odiava ter que encarar o que tínhamos nos tornado. Odiava o eco da sua falta de resposta. Odiava os seus múrmuros pelo canto. Odiava as suas indiretas diretas. Odiava o jeito como você me olhava e me menosprezava. E eu me culpava por tudo isso! Me culpava pela falta de diálogo, por como você ignorava qualquer tentativa minha de tentar salvar a gente, me culpava por dramatizar tanto as coisas...

Eu lembro da sensação de engolir todos os gritos que coçavam a minha garganta implorando para sair de dentro de mim enquanto você me evitava dentro de casa. Da nossa casa! Eu lembro de engolir o choro que me inundava para não ter que, mais uma vez, pedir desculpas por erros que eu não tinha cometido enquanto você seguia tranquilamente os seus dias. Eu lembro de engolir os meus questionamentos sobre aquilo ainda fazer ou não sentido enquanto, mesmo deitado ao meu lado, você repelia qualquer toque do meu corpo.

Meses depois que você partiu, eu desabafei sobre isso com uma amiga. Desabafei sobre como era angustiante a sensação de andar sempre em uma corda bamba, tentando te agradar e tomando cuidado com as palavras para não dizer nada que pudesse ser mal interpretado e que se voltasse contra mim. Não lembro ao certo o que foi que ela me disse depois, naquele momento eu tinha uma urgência tão grande em começar a colocar para fora tudo que estava preso em mim que, sinceramente, acho que nem estava disposta a ouvir o que me diziam, eu só precisava falar... mas gravei o termo "tratamento do silêncio" quando ela afirmou que o seu comportamento era uma forma de tortura.

Tortura.

Essa palavra ecoou dias e dias e dias dentro de mim como um soco na boca do estômago que tira cada órgão do lugar. Eu nunca te vi como o lobo mau. Eu nunca quis te ver assim... eu te amava tanto, mas tanto, que jamais seria capaz de enxergar qualquer sinal de ruindade que pudesse existir em você. Aliás, como é que alguém com a voz doce e a fala tão mansa como a sua poderia fazer mal a alguém? Era eu quem gritava, quem saía eixo, quem batia as portas e explodia por dentro. Era eu a precursora do caos. Você apenas reagia ao meu descontrole... não era isso?

Tortura.

Reagia aos meus gritos. Ao meu temperamento difícil. Ao meu gênio forte. Ao meu humor ácido. Ao meu jeito amargo.

Reagia à dificuldade que sempre foi lidar comigo, uma ariana com ascendente em virgem e uma gaveta de traumas da vida.

Ou será que, na verdade, eu nunca fui tão difícil assim e você me fez acreditar que eu era para que eu não pudesse enxergar quem você sempre foi?

Tortura.

Você soube disso e fez questão de encher a boca para falar que eu estava inventando coisa. Que agora era fácil eu contar esse monte de asneira e me fazer de vítima porque tudo o que eu sempre soube foi gritar e chorar. E você está certo!

Eu sempre chorei.

Eu sempre gritei.

Mas a minha intensidade nunca foi um problema!

Já o seu silêncio, o seu olhar vazio, a sua falta de empatia, a sua certeza insuportável de estar sempre certo, o seu equilíbrio quase doentio, a sua capacidade de ser indiferente, de não se abater, de não se comover... eles, sim, sempre foram grandes problemas!

Problemas que me silenciaram.

Que me adoeceram.

Que me enlouqueceram!

Problemas que me tiraram a vontade de ser eu, de viver em mim. Que me fizeram acreditar que eu era um erro! O pior de todos. Mas eu não sou! Nunca fui!

E que eu jamais tenha medo de me ouvir nem volte a mergulhar no silêncio do outro.

Sinceramente, a casa ficou muito mais convidativa sem você aqui. Agora eu sou capaz de ouvir o som da minha própria paz!

Eu morei no fundo do poço
durante muitos dos meses
que vieram depois da sua
partida

E achei que ali era
definitivamente
o pior lugar do mundo

Eu me vi rastejar atrás
de migalhas
que jamais encheriam a
minha barriga

E implorar por sentimentos
que nunca deveriam ser
implorados

Eu demorei para me dar conta
de que na verdade
eu já não estava mais
no inferno

Por mais que doesse,
por mais que sangrasse,
ali não era o fim do mundo,
era o começo dele!

Eu demorei para aceitar
que aquele lugar
sombrio e triste,
na verdade, era o lugar
da minha redenção

Era a minha chance
de fugir de algo
que sempre foi
muito pior

Você!

Às vezes, depois de um
tombo feio, é você mesma
quem precisa secar as suas
lágrimas, se dar um abraço forte
e garantir a si mesma que
as coisas vão melhorar

Se você tiver que ser a pessoa
que vai esticar a mão para te ajudar
a levantar, simplesmente SEJA!

gabriela freitas
*tudo que descobri sobre mim
depois de você*
75

Eu duvidei de mim! Duvidei quando achei que não seria capaz de enfrentar aquela tempestade que me atravessava desde o momento da sua partida. Duvidei quando me senti pequena e sem importância diante da imensidão da solidão em que você me largou. Duvidei quando acreditei que nada nunca mais faria tanto sentido como fazia te ter aqui, te ter em mim.

Eu duvidei de mim! Duvidei da minha força, da minha coragem, da minha determinação em fazer qualquer coisa que não te esperar de volta. Duvidei de que eu era capaz de continuar seguindo sem que você estivesse comigo. E eu duvidei mesmo antes de tentar, como se essa fosse a minha sentença, o meu fardo, o meu karma! Duvidei como se não houvesse outra saída que não a de desacreditar em tudo. De desacreditar de mim.

E me vi ali, fraca, incapaz, insegura. Eu me vi perdida, sem rumo, sem destino, sem guia, sem a sua mão me segurando com força e garantindo que saberia o caminho. Eu me vi só. E me assustei! A solidão é desafiadora, não passa despercebida, não anda na ponta dos pés. A solidão berra palavras duras, chuta a porta dos cômodos que a gente não quer ver, escancara o vazio que transborda de dentro. A solidão assusta. E eu tive medo!

Tentei me esconder dela, me jogar embaixo do edredom, me encolher na cama feito criança assustada, acuada. Tentei não fazer barulho, não despertá-la, mas nada disso adiantou! Ela continuava lá, ocupando cada espaço que você deveria ocupar, sem dó, sem misericórdia, sem compaixão. Continuava lá, cada vez mais caótica, mais estrondosa, mais espaçosa. Sem fazer questão de ser discreta, sem se deixar ignorar.

Eu precisei encará-la de frente, olhar em seus olhos e reconhecer ali todos os meus vazios, por mais que doesse. Precisei usar toda a coragem que você me convenceu que não existia em mim. E me dei conta de que talvez, durante esse tempo todo, eu tenha acreditado nas suas verdades sem me esforçar pra descobrir se elas realmente também eram as minhas.

Espantei a solidão aprendendo a ser a minha companhia. E, ao me tornar minha companhia, eu me dei conta de que nunca precisei realmente ter a sua.

Eu só precisava lembrar que eu ainda estava aqui.

Você me ensinou muitas
coisas, moreno, você me
ensinou sobre o que não
devo aceitar de outro alguém,
sobre a importância de eu
mesma me respeitar,
sobre eu ter que saber qual é
o meu valor e nunca me
esquecer de não aceitar
menos que ele

Você me ensinou que palavras
vazias são só palavras vazias
e que não adianta acreditar
no que a gente escuta
se não for o mesmo
que a gente vê

Você me ensinou que, quando
eu mesma não me priorizo,
acabo priorizando outra
pessoa e que não há
erro maior que esse

Mas a maior de todas essas
lições que você me ensinou
no momento em que me
atropelou igual um foguete
sem se preocupar com o caos
e a dor que me causaria
foi sobre o que não é
o amor

Hoje eu percebo que, quando eu rasgava elogios sobre você para os meus amigos, eu não estava tentando convencê-los do quão incrível você é, do quão bom era estar com você... eu estava tentando me convencer de que você era realmente tudo aquilo. Mas você nunca foi!

Aquelas palavras que eu usava para descrever tudo o que você era eram as palavras que eu mesma me forçava a ouvir para poder me convencer de que valia a pena continuar ali, de que valia a pena continuar insistindo em alguém que, no fundo, no fundo, foi só uma projeção que eu mesma fiz.

Eu demorei para conseguir desconstruir tudo o que eu criei em volta de você, tudo o que eu fantasiei para me fazer insistir em nós dois. Demorei muito para conseguir olhar para trás e te enxergar da forma como você sempre foi. E que decepcionante foi te ver tão pequeno comparado ao que eu te fiz. Que decepcionante foi me dar conta de que você estava muito longe de chegar perto de quem eu idealizei em você.

Agora eu consigo perceber que eu me apaixonei pela nossa história antes mesmo de me apaixonar por você. E a nossa história, na verdade, era a história que eu queria viver. Achei que você estava à altura de ocupar o lugar de personagem principal na minha narração e nem fiz questão de analisar se eu estava realmente certa, apenas te coloquei ali e fui forçando de todas as formas para que o que eu queria acontecesse.

Não tenho orgulho de compartilhar isso, mas confesso que sinto um certo alívio quando me dou conta de que toda aquela intensidade tinha muito mais a ver comigo do que com o que eu sentia por você.

É bom olhar para trás e saber que eu não perdi nada de tão incrível quanto eu acreditava que você fosse.

**Eu sou responsável por mim,
pela minha própria felicidade e
por não permitir que ninguém
tente podar as minhas folhas**

gabriela freitas
*tudo que descobri sobre mim
depois de você*

Você me cobriu
com as tuas digitais
e eu perdi a minha
identidade

gabriela freitas
*tudo que descobri sobre mim
depois de você*
82

Eu não sei se algum dia você realmente gostou de mim, mas eu sei que, com você, eu deixei de gostar de quem eu era!

Não foi do dia para a noite, na verdade eu nem sei dizer quando isso realmente começou a acontecer. No primeiro mês? No segundo? Depois de um ano? Foi tão gradativo que eu sequer consigo pensar na primeira vez em que eu deixei um pouco de mim para me tornar um pouco de quem você queria que eu fosse.

Você me podou aos poucos, gradativamente, sem que eu sequer pudesse me dar conta do que estava acontecendo. Eu era uma floresta livre e imensa, cheia de árvores grandes com galhos longos e raízes profundas, e você resolveu me transformar em um jardim sem graça, com flores plantadas em fileiras e organizadas de um jeito tedioso.

Eu era a própria força da natureza crescendo e se expandindo, até você chegar e me transformar na decoração da sua casa, no seu quintal.

O mais triste é que eu não parecia me importar. Eu te deixei cortar os meus galhos e arrancar as minhas raízes como se nada daquilo importasse para mim. Mas aquilo era eu! Era o que eu me tornei vivendo a minha própria história. Era quem eu aprendi a ser depois de alguns tropeços, muitos tombos e uma coleção de hematomas que jamais sairiam de mim.

Era sobre a pessoa que você dizia amar mais do que jamais foi capaz de amar outro alguém. Mas que tipo de amor era esse, moreno? Que tipo de amor é capaz de espremer e talhar e forçar o outro a entrar em um espaço tão menor que ele?

Seu amor era doente, egoísta! Mas eu não via. Ou não queria ver. E cada vez mais eu permitia que você tirasse de mim tudo o que era meu. Tudo o que era eu. Até perder a minha própria identidade.

Se você me amava tanto como dizia que amava, por que é que você quis me moldar como moldou, moreno? Por que você arrancou as minhas folhas como se elas não fossem parte do que eu sou? Por que você colocou uma cerca em volta de mim e me privou de ter o meu próprio tamanho? Por que você quis me limitar, me restringir?

A sua partida escancarou tudo o que eu evitei enxergar enquanto ainda te tinha aqui só para poder te manter em mim.

Quando os seus móveis desocuparam a minha casa, quando as suas roupas saíram do meu armário, quando o seu cheiro deixou de percorrer cada metro quadrado desse apartamento, ficou impossível ignorar o vazio que existia aqui.

Mas não era você que faltava. Não eram os seus móveis nem as suas roupas. Não era o seu cheiro ou a sua voz ou a sua presença. Não era nem mesmo o nosso amor ou o tanto que foi estranho saber que eu não te encontraria mais aqui.

O vazio que ecoava em cada um desses cômodos e que reverberava dentro de mim era o vazio que ficou quando eu me dei conta de que, muito antes de você me abandonar, eu mesma já havia me abandonado.

Quando você partiu, também levou o seu jardim embora, porque nenhuma daquelas rosas e margaridas eram sobre mim. Então eu me tornei uma floresta desmatada, sem árvores, sem vida, sem nada.

Você faz alguma ideia de quantos anos uma floresta leva para se recuperar?

Eu te deixei me ensinar
sobre quem eu era,
eu te deixei me moldar
e construir em mim
molduras que nunca
me pertenceram

Eu confiei nas suas
verdades e em tudo
o que você jurava
com aquela boca
que por tanto tempo
me engoliu

Eu não me importei
com o que você me
fazia acreditar
porque pra mim
só importava
realmente
acreditar que eu era
sua

Mesmo que
pra isso
precisasse ser
do seu jeito

E eu fui

Coma menos
Deixe seu cabelo crescer
Você não fica bonita assim

Fale mais baixo
Você está errada
Senta igual garota

Eu te vi cortar
as minhas flores

Eu te vi moldar
os meus galhos

Eu te vi arrancar
os meus espinhos

Você me desconfigurou
como um caminhão
desgovernado
atropelando pedestres
inocentes

Só que cê sabia bem
onde queria
chegar

Eu me tornei
uma floresta
imensa e forte
que foi regada
com as lágrimas
que você me
provocou.

gabriela freitas
*tudo que descobri sobre mim
depois de você*

87

Não sei como eu consegui voltar para a superfície, mas não foi um processo rápido!

Os cinco meses seguintes ao nosso fim não acrescentaram em nada na minha existência. Eu sobrevivi à força enquanto o meu único desejo era não estar mais ali! Todas as manhãs dos sessenta e dois dias que vieram depois do dia em que você saiu sem sequer olhar para trás foram tristes e indesejadas.

O alarme tocava e eu prontamente sentia vontade de jogá-lo contra a parede por estar me lembrando, mais um dia, de que eu realmente estava sozinha. Viver naquele quarto sem você foi uma tortura, moreno! A pior de todas! Lavei as roupas de cama diariamente até o seu cheiro ir embora, mas ele estava tão impregnado em mim que eu ainda conseguia senti-lo quando fechava os olhos. Era como se você estivesse ali.

Eu olhava para a janela sem coragem de tirar o seu cinzeiro dali e pensava em quantas vezes te vi me engolir com os olhos daquele mesmo lugar enquanto eu despertava despretensiosamente e deixava um pedaço do corpo à mostra só para te provocar. No primeiro mês, eu juro que ainda sentia o seu olhar penetrar na minha alma e me consumir por dentro. Então eu enrolava um pouco mais e te imaginava beijando meu pescoço e me pedindo para ignorar o alarme tocando, como se fazer isso fosse ser algum sacrifício.

O segundo mês foi pior que o primeiro! Ali eu já sabia que você não ia mesmo voltar e que o tsunami que estava passando na minha vida deixaria mais rastros do que eu poderia imaginar. Do que eu queria imaginar... Passei a abrir os olhos no primeiro toque do alarme, troquei a cama de lugar para não olhar mais para a janela de imediato e joguei o seu cinzeiro no lixo. Mas, ainda assim, você não parecia disposto a se mudar de mim.

Eu vi os dias passarem diante de mim sem sentir vontade de passar junto com eles, eu só queria parar no tempo para entender em que momento tudo tinha dado tão errado e eu não vi. Eu te ligava, eu te buscava, eu criava desculpas para ir até você. Sua blusa esquecida, uma conta atrasada no cartão, o nosso cachorro doente e a saudade que só piorava dentro de mim. Mas você se esquivava, fugia, ignorava. Como conseguiu me apagar tão rápido depois de jurar tantas vezes que jamais me esqueceria?

No sétimo mês, eu sabia que precisava fazer alguma coisa! Todas as ligações ignoradas, todas as mensagens não respondidas e o apartamento sem nenhum dos seus móveis não me deram outra escolha. E eu continuava acordando todos os dias mesmo torcendo para que isso não acontecesse!

A partir dali, pouco a pouco, tudo começou a mudar. Precisei de um ano para me reconstruir. E eu consegui!

Eu voltei a nadar depois de tanto tempo afogada nos meus próprios sentimentos, na dor que a sua ausência me causava. Quase não tinha mais ar no pulmão. Quase não conseguia acreditar que realmente conseguiria, mas eu não parei, moreno! Eu sabia que precisava continuar e não me permiti parar... e então, na primeira manhã de primavera, eu voltei à superfície.

Eu puxei a respiração com força, fechei os olhos e chorei. Chorei. Chorei. Não por você, não pelo nosso fim, não pela história. Eu chorei por mim!

Chorei porque eu havia conseguido.

Porque eu estava ali.

E eu estava viva!

Eu não sobrevivi, moreno. Eu renasci! Feito uma fênix, eu saí das cinzas. E jurei para mim mesma que nunca mais permitiria que alguém me levasse de volta ao inferno onde você me largou.

Você roubou de mim as minhas partes
mais bonitas e levou todas elas com você
no dia em que decidiu partir e me partir

E você me deixou com todas aquelas
coisas ruins que me fez acreditar
que eram as únicas partes de mim

Mas enquanto eu colava cada um
dos meus caquinhos e remendava
cada pedaço que você me tirou

Eu tive que me enxergar com
os meus próprios olhos

E me ver ali nua, exposta, cheia
de cicatrizes, de marcas, de traumas

Me ver ali com a alma aberta,
escancarada,
me fez relembrar que existe,
existiu e sempre existirá
muita beleza em mim

E isso ninguém nunca vai ser
capaz de me roubar.

Nem mesmo você!

gabriela freitas
tudo que descobri sobre mim
depois de você
90

Uma das coisas mais importantes
e mais dolorosas que eu aprendi
depois de você passar por mim
e me destruir inteira é que,
quando a gente tolera o intolerável
só para manter alguém ao nosso lado,
a gente também ensina para essa
pessoa que ela pode nos tratar da
maneira como ela bem entender

E nem sempre esse "achar" será o
jeito certo ou o jeito como realmente
merecemos ser tratadas

Eu nunca mereci o seu descaso, o
seu silêncio, as suas grosserias,
a sua falta de zelo, menos ainda o
seu temperamento difícil que me
fazia acreditar que a culpa de tudo
era minha

Não mereci as suas manipulações
ou as suas palavras ácidas, nem
o seu jeito amargo de me fazer
achar que havia algo em mim
que era errado e que precisava
mudar para ficar exatamente
do jeito que você gostaria

Fui eu quem deixei você ultrapassar
os meus limites como se não houvesse
barreiras para suas vontades, assumo
meu erro e deixo de alerta para todas
as próximas pessoas que em algum
momento se virem repetindo essa
mesma história

Em vez de ter medo de perder
quem não te merece, tenha medo
de se perder por esse alguém

Eu mergulhei em você sem
medo de me afogar na sua imensidão

Eu me joguei nas suas águas como
se nada ali pudesse me machucar

Quando você foi embora eu tive
que reaprender a nadar de volta
para o único lugar em que eu
realmente sempre estive segura:
dentro de mim mesma!

E eu fiz isso sozinha porque eu
havia me esquecido, mas a verdade
é que eu nunca precisei de mais
ninguém aqui

gabriela freitas
*tudo que descobri sobre mim
depois de você*
92

Eu amei uma versão sua que nunca existiu
e você me transformou em uma versão minha
que eu nunca quis realmente ser

É triste pensar que fui eu mesma que deixei
você me modelar como se eu fosse uma
massinha pronta para ser moldada em
uma das suas forminhas

Quando olho para trás, eu enxergo o quanto
eu estava desesperada por um amor que nunca
foi real, por uma poesia que eu mesma criei
para esconder a tragédia que nós dois éramos
quando estávamos juntos

Eu criei o nosso amor e eu mesma fiz questão
de descriá-lo quando você partiu e me deixou
sozinha para arrumar a bagunça que você causou

E depois desse dia eu prometi para mim mesma que
eu nunca mais faria tanto esforço para consertar
essa história que já tinha começado
a ser escrita de forma errada

A única pessoa que eu preciso agradar
para manter ao meu lado sou
eu mesma!

Eu não morri de amor, mas eu achei que ia morrer,
juro por Deus que eu achei que ia morrer!

Achei que não ia suportar a imensidão do vazio
que me causava somente pensar que nunca mais
iria te ter em mim, te ter aqui

Achei que não conseguiria continuar caminhando
sabendo que nunca mais teria as suas mãos
segurando as minhas ou dançando pelo meu corpo

Achei que seria incapaz de voltar a sorrir sem ter
as suas piadas sem graça ecoando pelo apartamento

Eu achei que o fundo do poço seria a minha
nova casa, porque eu não fazia ideia de como
sair dali sem você me puxando para fora,
me salvando do buraco em que você mesmo me jogou

Mas eu resolvi agarrar com as minhas mãos aquela
parede úmida e escalar sem proteção até chegar no topo

Foi um longo caminho e eu caí diversas vezes,
mas me reergui com mais vontade em cada uma delas.

Eu quis desistir e deixar tudo pra lá,
eu quis te pedir, na verdade eu quis implorar
para que você voltasse e me tirasse de lá,
porque tudo seria tão mais fácil se você pudesse
me amar do mesmo jeito que eu te amava

Mas eu não pedi e você não voltou e o seu amor
nunca foi igual ao que eu sentia reverberar em mim

Então eu continuei tentando escalar aquele lugar
que tinha cheiro e cara de inferno, e eu estava tão
decidida a sair de lá que nem me importei em
deixar minhas mãos em carne viva, porque tudo
de que eu precisava, tudo o que realmente
me importava, era conseguir me libertar de você

Quando eu finalmente cheguei ao topo do poço
e me dei conta de que eu já não estava mais
jogada dentro dele como um objeto descartável,
Quando eu percebi que eu tinha sobrevivido
a tudo o que você causou em mim,
que eu tinha passado pelo furacão que me
atravessou e tirou tudo do lugar,

Quando eu olhei ao redor e vi que eu mesma
é que tinha me salvado dali, senti tanto
orgulho de mim, mas tanto orgulho!

Eu achei que ia morrer de amor, moreno,
como se o nosso fim fosse uma doença
terminal se arrastando atrás de mim,
como se o nosso fim fosse um fantasma
que pudesse me assombrar para sempre,
mas eu me curei sozinha!

Eu me mediquei, me coloquei em pé
e fiz tudo ficar bem de novo.

Eu senti tanto medo, mas tanto medo…
e eu mesma segurei as minhas mãos
nas noites de tempestade e me forcei
a acreditar que aquilo ia passar

Eu me tirei do fundo do poço
eu me arrastei para cima
eu fiz o inverno passar
e a primavera voltar
a florir

Eu não sou só um jardim
florido e bonito,
mas tolo e sem graça,
eu sou uma floresta
inteira ecoando a força
da minha própria
natureza

**Eu sou a minha
própria força
e eu posso me
reconstruir
sempre que
for necessário**

**Só dependo
de mim!**

gabriela freitas
*tudo que descobri sobre mim
depois de você*

Eu levei algum tempo até admitir para mim mesma que precisava sair dali. É estranho continuar vivendo no mesmo lugar em que o amor morava depois que ele deixa de habitar ali. Aquele apartamento era meu antes de eu ser sua, mas depois ele virou um pouco nosso também e eu não conseguia me esquecer disso. Tudo ainda tinha um pouco de você. Tudo ainda tinha um pouco do nosso amor. As paredes que já sentiram o nosso toque. O chão que já sentiu o nosso peso. Os móveis que presenciaram nós dois nos tornarmos um. A cama que nos viu fazer e ser amor. E, mesmo depois que eu tirei as nossas fotos, as lembranças do que a gente tinha vivido naqueles espaços não me deixaram esquecer que aquele lugar também era um pouco seu, como um dia eu havia sido.

Depois de dez meses, eu entendi que não dava mais para continuar morando com os nossos fantasmas. Depois, precisei de três semanas para encontrar um novo lugar.

Era um pouco menor, mas também era completamente diferente daquele apartamento no Centro de São Paulo em que juramos eternidade para algo que nunca esteve no nosso controle.

Assinei os documentos em oito dias e no nono eu já estava me mudando. Troquei todas as roupas de cama, porque, de alguma forma, eu ainda sentia o teu cheiro espalhado em cada uma delas, e comprei um sofá azul que certamente te faria torcer o nariz e reclamar. Quando você se mudou para a minha casa, eu fingi não ver as mudanças que você fez nela e me enganei afirmando que era só porque você precisava sentir que aquilo também era seu.

Você tirou os meus quadros da parede, mudou as capas das minhas almofadas e me fez comprar um sofá marrom com a desculpa de que o meu já estava velho demais, mas a verdade é que você nunca gostou de nada que era meu. Você sempre fez questão de mostrar que meu estilo não era tão refinado e que eu tinha um jeito peculiar de combinar as coisas. Eu ignorei o que estava acontecendo e deixei você fazer o que quisesse, porque queria que você sentisse que ali também era seu. E queria sentir que eu também era sua, mesmo que para isso eu precisasse deixar de ser minha.

Eu fui me permitindo ser quem você sempre quis, eu deixei você me moldar, assim como deixei você moldar o meu apartamento, porque eu era tão diferente de todas as outras que você já tinha amado e isso me fazia ter medo de que em algum momento você cansasse de me amar. Eu queria ser como elas para caber sempre em você!

Eu não era a princesa presa no castelo esperando pelo príncipe encantado, porque a vida nunca me deu tempo para esperar alguém me salvar, mas por você eu quis ser! Por você eu quis ser tudo aquilo que eu nunca fui. Eu calei as minhas verdades e silenciei as minhas opiniões porque eu queria te ver querer ficar. Pela primeira vez, eu senti medo de perder alguém justamente por ser quem eu era, mas não é exatamente por esse conjunto de coisas que você deveria me amar? Que você deveria escolher ficar?

Toda a minha autenticidade deu espaço para uma personalidade fajuta e frágil que você estava criando de acordo com as suas vontades. Eu te deixei brincar comigo e você gostou de ter todo esse poder sobre mim.

Meu apartamento perdeu a graça no segundo em que você pisou nele para ficar e eu também perdi quando você entrou em mim, mas estava tão desesperada para te convencer que eu valia a pena que não vi. Ou não quis ver...

E, enquanto eu pendurava os meus quadros coloridos na parede da minha nova casa, eu comecei a me dar conta de tudo o que eu havia deixado de saber sobre mim para me encaixar em você. Eu sou mais forte do que você queria que eu acreditasse ser e sou mais bonita do que você me fazia sentir quando me comparava com as garotas da TV. Eu sou mais inteligente do que eu te autorizava a me fazer parecer nas piadas com os seus amigos, e definitivamente eu sou muito, mas muito melhor do que o que você merece ter.

É preciso muito, mas muito,
amor-próprio para aceitar
que, algumas vezes, por
mais que você queira muito,
aquilo ainda assim não será
o suficiente para você...

Assim como você nunca seria
o bastante para mim, ainda
que eu tenha demorado
para entender

gabriela freitas
*tudo que descobri sobre mim
depois de você*
100

Eu achei que havia perdido a minha
voz depois de, por tanto tempo,
ter que implorar para você ficar aqui,
depois de ter que gritar tanto para
te convencer de que eu era mesmo
a sua melhor escolha

Mas ela continua aqui, forte, firme e cada
vez mais certa de que não vale a pena
perdê-la por alguém que nunca
será capaz de parar para
realmente me escutar

Autocuidado também é
sobre ter coragem de
se despedir e de se
afastar daquelas
pessoas que não te
fazem bem, por mais
que você goste delas!

Você não perde
uma pessoa que
não te valoriza,
que não te respeita,
que não te prioriza.

Mas você se perde
todas as vezes em
que resolve manter
essa mesma pessoa
na sua vida.

gabriela freitas
tudo que descobri sobre mim
depois de você

Eu me consertei sem ajuda de ninguém, moreno!

Eu recolhi sozinha os meus pedaços que você partiu e deixou para trás, espalhados pela casa, quando escolheu me arrebentar feito um furacão, abandonando tudo aquilo que um dia nós dois juramos um ao outro que seria pra sempre.

Eu arrumei sozinha toda a bagunça que você causou dentro de mim quando decidiu que eu não era mais o suficiente para te fazer escolher continuar vivendo em mim.

Eu joguei fora sozinha todo o lixo que você deixou para eu recolher enquanto se refazia em uma vida que não tinha espaço para me encaixar.

Eu te avisei que esse dia ia chegar! Eu te avisei que eu ia conseguir!

E eu te avisei que, quando esse momento chegasse, já não haveria mais nenhum resquício seu em mim.

Eu achei que nunca
ia deixar de te amar,
até que eu deixei.

E então eu entendi
que só é para sempre
aquilo que a gente faz ser

gabriela freitas
tudo que descobri sobre mim
depois de você
105

Eu percebi que não queria mais estar com você em uma quinta-feira de inverno nublada e fria, na minha hora do almoço, enquanto conversava com uma amiga que eu não via há tempos. Fazia pouco mais de onze meses que você tinha ido embora de nós e eu estava contando para ela sobre todas as últimas novidades que eu estava vivendo naquele momento. Estava contando para ela como a minha vida virou de cabeça pra baixo e de repente parecia que estava entrando nos eixos, mas não era nos mesmos eixos que antes eu acreditava serem os certos.

Falava sobre a mudança de emprego que me levou a um novo grupo de amigos que jamais seriam interessantes e divertidos pra você, sobre o novo apartamento que estava quase pronto e que ficava em um bairro movimentado, caótico, com a cara de São Paulo (que eu sempre amei) e que você detestaria, sobre os novos lugares que eu estava conhecendo sozinha, sendo a minha melhor companhia, e sobre o salto de paraquedas que eu dei algumas semanas antes (e que você jurava que eu nunca teria coragem de dar).

Enquanto eu contava empolgada todas essas novas realidades que eu estava vivendo, ela me questionou: "Você já parou para pensar que, mesmo que ele resolvesse voltar agora, as coisas já não seriam mais como antes? Ele não faria mais sentido?"

Por mais que tudo estivesse bem melhor sem você, eu ainda não tinha me dado conta conscientemente daquilo, mas ali, naquele instante, eu percebi que na minha vida já não tinha mais espaço para você. E cê não faz ideia do alívio que foi isso!

Enquanto eu encaixotava parte do meu guarda-roupa antes da mudança para o apartamento novo, encontrei aquele vestido vermelho de alcinha que eu estava usando no dia em que a gente se conheceu, e foi impossível não deixar meu pensamento voar para aquele momento em que nossos corpos se esbarraram sem querer no corredor do apartamento de um dos nossos amigos em comum.

Você ainda se lembra desse dia, moreno?

Era final de um sábado insuportavelmente quente em São Paulo e eu não estava com nenhuma vontade de confraternizar com as pessoas que estavam ali, mas também não queria ficar sozinha em casa. Meu cabelo estava amarrado em um coque malfeito do qual eu nunca fui muito fã, mas se tornou meu penteado favorito depois de você falar que nunca havia visto uma mulher ficar tão bonita de coque.

Você me ganhou naquela noite com o drink de pitaya com gin e tônica, mesmo sem saber que pitaya era a minha fruta favorita. Eu lembro até hoje da sensação de perder o ar ao te ver sorrir enquanto me via provar o drink e admitir que estava muito melhor do que eu imaginava. Aquela não era a primeira vez que eu sentia borboletas nascendo no meu estômago, mas definitivamente elas nunca haviam voado com tanta força antes.

Eu achei que estava conhecendo o amor da minha vida e que aquele dia ficaria guardado para sempre em nós. Hoje, ele é mais um dos que eu gostaria de esquecer.

Bastaram treze encontros, vinte e nove garrafas de vinho e um pedaço do meu guarda-roupa para você vir morar aqui. Eu te cedi um espaço em cada cômodo desses cinquenta e seis metros quadrados e escancarei a minha vida para que você pudesse ficar, mas nada parecia suficiente para te agradar.

Não éramos suficientes nem eu, nem a casa e nem esse vestido vermelho pelo qual eu era apaixonada até o dia em que você falou que essa cor me deixava parecendo uma mulher qualquer, dessas com as quais se esbarra na rua e que se conquistam sem muita dificuldade, como eu fui para você. Eu lembro de rir enquanto você dizia o quanto tinha sido fácil estar comigo, sem me dar conta de que isso não era um elogio.

Hoje, quando eu fechei a porta do apartamento e entreguei a chave para a proprietária, eu estava vestida do mesmo jeito que você me conheceu e eu não me senti uma mulher fácil que se conquista sem muito esforço, mas uma mulher livre e dona de si, do jeito que eu sempre fui e do qual quase me esqueci por você.

NOTA QUE EU DEIXEI PARA MIM
MESMA TEMPOS ATRÁS

Talvez o final feliz que você precisa viver agora
não seja sobre dar certo com outra pessoa,
mas sobre aprender a dar certo consigo mesma.

Não esqueça que essa jornada é a sua jornada
e ela precisa ser a maior parte do tempo sobre você!

Eu me encolhi para caber
em espaços que eram muito
menores que eu

Eu sou gigante, moreno!

E isso nem você e nem
ninguém nunca seria
capaz de me impedir
de ser

Que nunca mais
ninguém me faça
desacreditar
de mim

gabriela freitas
*tudo que descobri sobre mim
depois de você*

**O melhor e maior
amor que eu posso
ter por alguém
é o amor que
eu preciso manter
por mim mesma**

gabriela freitas
*tudo que descobri sobre mim
depois de você*

Se eu pudesse voltar no tempo,
eu não teria amado você

Não teria amado seu jeito de me
levar ao paraíso com a boca

Não teria amado o cheiro que
você deixava em mim depois
de passear pelo meu corpo

Não teria amado as suas
promessas vazias e os planos
que você me fez acreditar que
eram nossos, mesmo sem ser

Não teria amado o nosso futuro,
que sequer chegou a existir,
mas que desenhamos
em conjunto enquanto
encarávamos o teto de casa
meio embriagados de amor

Não teria amado o seu sorriso
e o seu jeito de me engolir
só com o olhar

Não teria visto graça no seu
gosto de cigarro porque
eu nunca nem gostei de fumar

Se eu pudesse voltar no tempo,
naquele dia 25 em que você
apareceu de penetra no meu
apartamento e se convidou
para morar em mim, eu juro
que não deixava você chegar
tão perto de mim a ponto
de eu esquecer quem eu era
só para te manter aqui

Se eu pudesse voltar no tempo,
você só não seria a última opção
porque sequer seria uma opção

Mas eu não posso voltar
não posso apagar tudo o que
você foi e ainda é para mim

O que eu posso é nunca mais
me esquecer de quem eu sou
para nunca mais deixar
que alguém me tire de mim
como você me tirou

Vou te confessar que, se tem uma coisa que eu aprendi na marra, é que amor-próprio é o remédio que cura todas as nossas relações ruins!

É ele que nos faz enxergar quando não vale a pena mergulhar no outro porque ele é raso demais e a gente vai acabar se machucando.

É com o amor-próprio que a gente aprende a se bastar sem precisar de ninguém ao nosso lado. A se querer. A se desejar. A se cuidar. E depois disso a gente entende que quem chegar com menos do que nós mesmos temos a nos oferecer não serve!

Ficamos mais seletivos com quem vai morar no nosso coração.

A gente passa a não aceitar amor em conta-gotas. Quando nos amamos, acaba que nos tornamos inteiras, e aí não precisamos ficar mendigando um pouco de atenção, um pouco de carinho, um pouco de amor.

Ou vem com tudo ou nem vem! Só não espere que eu aceite suas migalhas.

Eu precisei me afastar de mim para
continuar me encontrando em você

Precisei abrir mão das minhas verdades,
das minhas vontades e de tudo aquilo
que sempre me preencheu para sobrar
espaço para as suas verdades e as suas
vontades e tudo aquilo que preenchia você

E, quando você se foi, você levou todas
essas coisas que eram suas com você e
já não havia mais nada que fosse meu aqui

Eu tive que reaprender a ser eu enquanto
tampava os espaços que você deixou em mim

Foi uma longa caminhada até conseguir
recuperar tudo o que eu tinha abandonado

Foi um processo de dor, de luto e de medo

Mas foi, também, o meu renascimento

Eu me vi brotar de novo, eu vi as minhas
pétalas voltarem a colorir o meu mundo,
eu vi o meu brilho voltar a iluminar
a cidade e eu vi como eu era mais
bonita sem ter você aqui

Poder assistir ao meu reencontro
foi a coisa bonita que você foi
capaz de me proporcionar

Eu voltei a escutar as minhas músicas favoritas, voltei a ir aos meus lugares favoritos, voltei a pedir os meus pratos favoritos e a vestir as minhas roupas favoritas. Eu voltei a me enxergar como alguém.

Na semana passada eu comprei uma passagem para passar dez dias na praia. Você odiava ir à praia e eu odiava tudo o que você odiava, mas a verdade é que eu sempre amei a sensação de colocar o pé na areia e mergulhar dentro do mar só para me sentir pequena diante da imensidão do oceano inteiro.

Eu mergulhei em você. E você também fazia com que eu me sentisse pequena diante da imensidão que você era.

Talvez o meu erro realmente tenha sido sempre ter te visto grande demais, imenso demais, poderoso demais, porque na verdade, moreno, cê nunca foi tudo isso.

Eu me achava tão pequena quanto um grão na areia no meio de milhões de outros grãos de areia. Você era o oceano e eu era só um pedacinho insignificante do mundo.

Hoje eu consigo me ver de outro jeito.

Eu não sou um grão de areia jogado no meio da praia, eu sou a própria força da natureza que grita a minha intensidade e força.

Sobrevivi ao nosso fim, mas mais do que isso: sobrevivi ao meu fim.

E renasci, feito fênix, das cinzas em que você me transformou.

Sou muito mais, mas muito mais do que você sonhou, moreno.

E você é muito menos do que eu fantasiei.

Você não foi o grande vilão da minha história
te dar esse papel faria com que você tivesse
uma importância muito maior do que hoje
eu permito que você tenha em mim

Assim como eu não fui a vítima da
sua veia narcisista que não te permitia
enxergar nenhuma coisa que não fosse
o redor do seu próprio umbigo

Eu fui a vilã e eu fui a mocinha dentro dessa
mesma história em que você foi um mero
participante coadjuvante do enredo que
eu fiz questão de criar e recriar

Aceitar ser apenas a coitadinha me tiraria
da posição que realmente era a minha,
eu deixei você me contaminar acreditando
que havia amor em toda aquela toxidade
que flutuava ao seu redor

Eu escolhi ignorar os sinais para poder
me manter em um lugar no qual eu sabia
que não deveria estar

E eu assumo as consequências dessa
escolha, mas, mais do que isso,
eu assumo a responsabilidade
de nunca mais me permitir
passar por isso

Se eu pudesse voltar ao passado e me dar um único conselho, sem sombra de dúvidas seria: não tenha medo de se retirar quando você perceber que naquele lugar você não cabe mais!

Se eu tivesse ouvido o que a voz dentro de mim gritava, se eu tivesse prestado atenção em cada um dos sinais, se eu não tivesse ignorado os meus incômodos, se eu não tivesse silenciado os alertas, se eu não tivesse feito pouco caso da minha intuição, então eu saberia muito antes que não era você!

E, se eu soubesse, teria dado tempo de te tirar de mim antes de você causar o desastre que causou, antes de você me partir por dentro em milhões de pedaços que nunca mais vão voltar a ser como eram antes. Se eu soubesse, ah meu Deus, se eu soubesse... Como tudo teria sido diferente, como tudo teria sido mais bonito!

Eu não teria me descabelado, eu não teria me humilhado, eu não teria aberto mão de mim. Se eu não estivesse tão presa à idealização, à projeção que eu fiz de você, eu teria visto que eu mesma é quem tinha criado todas aquelas coisas bonitas que eu via quando te enxergava.

Você foi uma invenção minha enquanto eu me desinventava para te agradar.

Se eu soubesse, ah, moreno... você nem seria você, você nem existiria aqui, você não orbitaria em torno das minhas palavras, não ocuparia tanto espaço depois de tanto tempo sem sequer estar presente. Se eu soubesse, teria feito você dar meia-volta naquela tarde fria de agosto e jamais teria aceitado usar teu corpo de cobertor.

No primeiro inverno sem você aqui, eu achei que não fosse ser capaz de sobreviver, de aguentar, de dar conta de me esquentar. Mas olha só que coisa doida: até o frio fica melhor quando você não está por perto!

Eu me cubro muito melhor sozinha!

O instante em que você
começa a olhar para você
é o mesmo instante em que
o universo inteiro resolve
passar a te ver

(e isso não é uma
coincidência)

gabriela freitas
*tudo que descobri sobre mim
depois de você*
121

As pessoas esperavam que eu fosse encontrar alguém para colocar no seu lugar, para te substituir. Acho que a grande maioria até queria que eu fizesse isso, e nem era por mal! Ninguém queria me ver sofrer, ninguém aguentava mais me ver chorar, e as pessoas achavam que assim pelo menos eu seguiria em frente e conseguiria te esquecer.

No começo, eu só não queria te trocar por uma outra versão de você. Achava que, por mais que eu procurasse, ninguém chegaria realmente aos seus pés. Também não queria correr o risco de você voltar e o seu lugar não estar mais vago. Por um bom tempo, eu cultivei a esperança de que você se arrependeria de abrir mão de mim. Mas isso não aconteceu...

Com o passar do tempo, eu passei a perceber que, se eu quisesse mesmo ficar bem, não adiantava só trocar os personagens. Se eu quisesse ser a minha protagonista, eu precisava assumir as rédeas e ter o controle de mim. Eu precisava me curar e me reconstruir sem usar de artifícios para conseguir fazer isso. Sem me enganar.

Conforme o tempo foi passando, eu fui descobrindo que havia um remédio específico e que, com ele, dava para eu desenrolar o nosso nós e me libertar de tudo o que ainda me prendia a você. Eu descobri que esse remédio não servia só para me fazer superar a nossa história, mas também para evitar que eu novamente me lançasse numa dessas.

Descobri que o remédio não vende na farmácia, que ele mora em nós, mas que precisa ser trabalhado, formulado, criado. E eu mergulhei nesse processo como alguém que procura por algo precioso no meio do nada, sem mapa, sem guia, mas com a vontade e a certeza de que vai conseguir.

Esse remédio me libertou.

Caso um dia você precise, você consegue achá-lo se buscar por amor-próprio!

Finalmente eu entendi que
viver passando por cima
dos meus sentimentos e das
minhas vontades para conseguir
manter determinadas pessoas
na minha vida não é sobre ser
intensa, mas sobre não saber
me amar de verdade

gabriela freitas
*tudo que descobri sobre mim
depois de você*
124

Eu achei que ia morrer! É sério, eu achei que seria incapaz de sobreviver ao vazio que passou a existir dentro de mim com a sua ausência. E não admito isso com orgulho de estar confessando para você o quão difícil foi seguir em frente quando tudo o que eu mais queria havia sido abandonado para trás, também não digo para que você sinta pena ou esboce algum arrependimento. Não que eu acredite que você pudesse esboçar alguma dessas coisas. Hoje eu sei que não!

Falo sobre isso porque é o que tem que ser dito agora, é o que tem para ser contado sobre mim e é o que faz parte da minha história, a parte mais doída e difícil que eu tenho para expulsar de mim. Falo porque é o que me faz ser quem eu sou, quem me tornei depois de tantos hematomas, depois de tantas cicatrizes. É o que me trouxe até aqui, neste lugar em que você jamais caberia e que me serve tão bem, é o que me resgatou de volta para mim. É o que me fez descobrir tudo o que você me fez esquecer sobre quem eu realmente sou e sempre fui.

Eu achei que ia morrer, moreno. Eu realmente achei! Sem exageros, sem metáforas, sem poesia. Achei que fecharia os olhos e seria incapaz de abri-los novamente, tamanha era a dor que crescia dentro de mim. Achei que não conseguiria recomeçar depois do nosso fim, que não teria forças suficientes para levantar e continuar vivendo sabendo que você não estaria nunca mais na minha vida. Eu achei que aquele lugar sombrio e asqueroso depois do fim era o inferno no qual você havia me jogado quando do resolveu me privar da sua presença e que não havia forma alguma de me libertar de lá.

Acreditei que eu estava fadada a morrer em vida. Morrer, mas continuar respirando, como num castigo por ainda estar lá, por ainda existir, por não merecer outro destino senão aquele. Morrer, mas acordar todos os dias às seis horas da manhã sem o seu café cheirando pela casa e me alertando que é bom eu não me atrasar. Morrer, mas bater ponto às oito horas sem poder te avisar que eu tinha chegado e que estava tudo bem comigo, almoçar ao meio-dia uma marmita sem graça que gritava a falta do seu tempero. Morrer, mas voltar às dezoito horas para aquele lugar que um dia chamamos de lar com a certeza de que você não estaria lá me esperando.

Abrir a porta de casa era mais torturante do que sair dela sem o seu beijo de despedida. Era a confirmação do maior pesadelo que eu já tive na vida e que eu vivi, a confirmação do meu maior medo sendo materializado e esfregado na minha cara. Era a certeza do vazio que havia ficado naqueles espaços entre os móveis que você fez questão de escolher porque eu só tinha bom gosto para escolher você. Abrir a porta de casa era como despencar de um precipício no qual a queda doía muito mais do que o tombo. E eu estava constantemente caindo de lá...

Foi assim por muito tempo dentro de mim. Nublado, frio, triste, sem graça. A minha vida não viu as estações do ano seguinte mudarem, não foi verão, não foi primavera, nem mesmo o outono apareceu para amenizar um pouco tudo aquilo, foi inverno durante todo o tempo, durante todos os 365 dias que concretizaram o primeiro ano sem a sua presença. Um inverno amargurado, demorado, que custou a passar, que custou a querer se despedir. Um inverno que deixou marcas, que feriu, que queimou. E que eu achei que nunca mais fosse realmente passar.

Mas que, inexplicavelmente, passou!

Não foi de uma vez, é claro! Foi gradativo... Passou um pouco por dia depois de todos aqueles dias infinitos e pesados que vieram após a sua partida. Passou com calma, sem pressa, quase como se me dissesse: não esquece o quanto arde, menina, para não deixar arder de novo. Cuidado, que na próxima pode durar para sempre. Passou como um aviso doloroso que eu vou ser para sempre incapaz de esquecer.

Quando o inverno finalmente foi embora, nada mais estava igual! Eu já não estava mais ali naquele lugar em que você me deixou como se deixa uma coisa que já não se quer mais. Eu já não era mais aquela que você largou, abandonou. Tudo estava diferente! A casa, o trabalho, os amigos, meus restaurantes favoritos, as minhas roupas e a pessoa que você conhecia e que um dia disse que amava.

Quando o inverno acabou, não foi só ele que deu espaço para a primavera entrar, *eu também havia me dado a chance de me ver florescer de novo.*

DESCOBERTAS QUE VOCÊ
PRECISA FAZER DEPOIS DO FIM

gabriela freitas

tudo que descobri sobre mim
depois de você

Você não tem que virar
o mundo do avesso pra
manter na sua vida pessoas
que não querem estar nela.

Perca esse medo de
perder pessoas!

Aprenda a deixar ir quem
quer ir, porque você também
é uma grande perda!

O amor é leve!
não sufoca,
não fere,
não gera crise
de ansiedade,
não te faz chorar
como se o mundo
tivesse acabado.

Amor é bom,
te abraça,
te acolhe,
te protege.

Qualquer coisa
que não seja assim
também não é amor!

Se essa história
te faz achar que
amor é difícil,
então eu posso
te garantir
que ela não é
sobre amor

gabriela freitas
*tudo que descobri sobre mim
depois de você*
131

Dia desses eu ouvi alguém dizer que o amor das nossas vidas não é uma pessoa, por isso é impossível a gente perdê-lo quando alguém vai embora de nós, e isso me trouxe certo alívio, confesso. O amor da nossa vida não é alguém, não é um rosto, não é um nome, um CPF. O amor da nossa vida é uma posição que existe na nossa vida, ao nosso lado, dentro de nós.

Eu nunca vi graça em aceitar um amor que fosse menos amor só para ser para a vida inteira, então fez muito sentido saber disso.

Quando alguém resolve pegar as suas coisas e sair da nossa vida, como você escolheu fazer comigo, ele automaticamente deixa de ser o amor da nossa vida, porque desiste de ocupar esse lugar. Mas o lugar não deixa de existir quando esse alguém vai embora!

Eu ainda tenho dentro de mim essa posição. O espaço vago continua existindo, continua estando ali no mesmo lugar em que sempre esteve, só que agora está livre, disponível para que alguém que realmente queira estar ali uma hora o ocupe e fique por lá.

O que eu quero dizer é que a gente não precisa ter medo de "perder o amor da nossa vida". Não precisa insistir em alguém que nos desrespeita nem viver perdoando várias vezes o mesmo erro e esperando mudança de onde nunca vai vir.

A gente não precisa ficar insistindo para que alguém que quer ir fique.

O amor da nossa vida vai chegar! Pode ser que ele fique para a vida toda, mas também pode ser que ele vá embora depois de um tempo. E, se ele for, tudo bem! Porque ainda vamos ter dentro de nós a certeza de que não era ele. E de que ainda vai ser outro alguém.

Quando a gente precisa abrir mão
do que a gente é para conseguir
estar em um determinado lugar,
é porque esse lugar não é
onde nós deveríamos estar

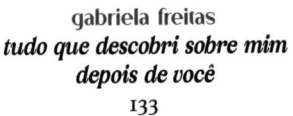

gabriela freitas
*tudo que descobri sobre mim
depois de você*

É impossível enxergar o seu valor
depois de permanecer por muito
tempo em um lugar que não
permite que você se enxergue
com bons olhos

É por isso que relações tóxicas
destroem o nosso melhor e
depois nos fazem acreditar
que nunca houve nada
realmente bom em nós

Quando a gente começa a
entender o que a gente
realmente merece receber,
é natural que a gente acabe
percebendo que precisa
abrir mão de algumas
pessoas e de algumas
relações pelo caminho

gabriela freitas
*tudo que descobri sobre mim
depois de você*
135

Se eu pudesse dar um conselho para qualquer outra pessoa que esteja em dúvida sobre insistir ou desistir de um amor, eu começaria perguntando:

– Quais são os motivos que te fazem querer ficar?

– E quais são os motivos que te fazem querer ir?

Muitas vezes, o que nos faz querer insistir é somente o medo de perder as expectativas, os planos, os sonhos... e o que nos faz querer desistir é a realidade fria, a falta de parceria, a falta de cuidado.

Você não vai realizar esses planos e sonhos com alguém que no dia a dia se esforça para entregar exatamente o oposto do que você espera, por isso, quando se pegar na dúvida, não se esqueça: na maioria das vezes, ir embora dessa história ou continuar insistindo nela vai te doer do mesmo jeito, da mesma maneira. E, se está te doendo estando nela, se dê a chance de parar de doer longe dela!

O lugar que você for chamar de lar precisa te proteger e te fazer sentir paz. Se ele não faz isso, então esse não deveria ser seu lar.

Vá sem medo! Tem coisa melhor te esperando chegar e essa coisa pode ser você mesma.

Não aceite menos do que aquilo
que você sabe que merece e
deveria receber, porque, quando
fazemos isso, nós estamos dizendo
em silêncio para a pessoa que está
ao nosso lado que ela pode fazer
o que quiser, e ainda assim
você continuará ali

Em vez de ter medo de perder quem
não te merece, tenha o dobro de
medo de se perder por esse alguém!

gabriela freitas
*tudo que descobri sobre mim
depois de você*
137

Ninguém vale a sua estabilidade emocional,
as suas noites maldormidas nem essas crises de
ansiedade que consomem o seu peito e te fazem
esquecer de quem você sempre foi.

Escuta bem isso que eu tenho para te falar, porque
foi o que eu descobri depois de quase assistir ao meu fim:

Você não pode se resumir a essa história,
a essa dor e nem a essa angústia.

Você não pode permitir que a sua história se limite
ao que alguém tenta te convencer que você merece.

Você é maior que todas essas coisas que ele quer
te fazer acreditar que são verdades sobre você.

Você é maior que esse espaço no qual ele tenta
desesperadamente e inutilmente te encaixar,
sem deixar que você perceba que ele nunca vai
ser suficiente para você conseguir entrar e respirar.

Essa história não é para você porque ela é muito
pouco perto de tudo o que você ainda tem para viver!

ENFIM, A DESPEDIDA...

Você ainda se lembra de como eu fiquei quando você disse que ia embora? Que era definitivo e que nada do que eu falasse ou fizesse iria te fazer voltar atrás? Você ainda se lembra do que contavam nas primeiras semanas? De como eu chorei até quase desidratar?

Você ainda lembra de quantas ligações eu te fiz me humilhando? Pedindo mais uma chance para nós? Você se lembra de como eu rastejei para tentar de ter de volta? De como eu gritava que sem você nada fazia sentido?

E de como você me ignorava, você lembra?

Outro dia eu ouvi de um amigo em comum que eu estou diferente, que alguma coisa em mim já não é como era antes. Engraçado que, por mais que, de alguma forma, eu soubesse, ainda não tinha reparado, mas ele estava certo. Essa semana uma amiga que você não conhece falou que eu estou na minha melhor fase, que dá pra ver pelo meu brilho.

É verdade, eu estou na minha melhor fase! Na fase em que eu aprendi a ser minha e a me amar como eu sou.

Escrevo do banheiro de um barzinho, hoje a ficha caiu. Acabei de dar uma daquelas minhas gargalhadas escandalosas que você detestava e que eu aprendi a silenciar. Chamar atenção não era um comportamento decente para a sua mulher... ainda bem que eu não sou mais ela!

Eu gargalhei e, quando percebi que estava gargalhando, gargalhei ainda mais! E precisei vir escrever sobre isso, não para você, não para esfregar na sua cara que eu me libertei... como eu disse, nada disso é sobre ou para você, mas sobre e para mim mesma!

Precisei vir colocar no papel que hoje, definitivamente, eu voltei a ser dona de mim, das minhas vontades, dos meus desejos. Sem medo dos julgamentos de quem nunca teve moral para julgar coisa alguma.

Eu venci!

E não foi fácil chegar até aqui depois de te permitir me convencer de que eu não era o bastante nem para mim mesma. Não foi fácil reaprender a me olhar com o carinho que você nunca foi capaz de realmente me dar e que eu abri mão de ter por mim mesma pra ter por você. Não foi fácil me despir de todas as suas verdades sobre mim que você me convenceu a abraçar como minhas verdades.

Não foi fácil ser a minha companhia quando tudo o que eu menos queria era estar na minha presença, quando eu já não gostava mais de quem eu era, quando eu já não me achava mais suficiente. Não foi fácil me perdoar pelo que eu deixei você me transformar... não foi fácil encarar de frente o buraco em que eu havia me jogado.

Não foi fácil!

Mas eu consegui...

Houve tropeços, houve tombos, houve muitos erros, mas eu não desisti de mim. E como eu me orgulho disso! Eu não desisti de me salvar, de me libertar, de me reencontrar.

E olha onde eu estou agora!

Então, sim, eu precisei vir até agora deixar escrito que, a partir de hoje, não existe mais nada seu aqui. Não existe mais nenhuma parte minha que ainda tenha as tuas digitais, que ainda grite o seu nome, que ainda chame por você.

Eu estou livre para ser apenas minha – e de quem mais eu quiser ser, mas sua, com toda certeza, eu nunca mais serei!

À minha mãe e ao meu pai, que sempre sonharam os meus sonhos comigo e nunca me deixaram duvidar de mim; à minha família, que me dá forças para não deixar de acreditar em nenhum deles; ao meu noivo, que me apoia, me incentiva e me ajuda todos os dias a realizá-los ao seu lado; e aos meus leitores que os tornaram muito maiores do que um dia eu acreditei que pudessem ser...

Muito obrigada!

CRIVO EDITORIAL

r. Fernandes Tourinho // n. 602 // sl. 502

30.112-000 // Funcionários // BH // MG

crivoeditorial.com.br

contato@crivoeditorial.com.br

facebook.com/crivoeditorial

instagram.com/crivoeditorial

crivo-editorial.lojaintegrada.com.br